AF142938

Isa Rahn

Theorie und Praxis
der „Motivierenden Gesprächsführung"
in der Suchthilfe

Rahn, Isa: Theorie und Praxis der „Motivierenden Gesprächsführung" in der Suchthilfe.
Hamburg, Bachelor + Master Publishing 2014
Originaltitel der Abschlussarbeit: Grundlagen der "Motivierenden Gesprächsführung" und
ihre Anwendung in der Suchthilfe

Buch-ISBN: 978-3-95820-035-7
PDF-eBook-ISBN: 978-3-95820-535-2
Druck/Herstellung: Bachelor + Master Publishing, Hamburg, 2014
Coverbild: pixabay.com
Zugl. Hochschule Neubrandenburg, Neubrandenburg, Deutschland, Diplomarbeit,
Oktober 2007

Bibliografische Information der Deutschen Nationalbibliothek:
Die Deutsche Nationalbibliothek verzeichnet diese Publikation in der Deutschen
Nationalbibliografie; detaillierte bibliografische Daten sind im Internet über
http://dnb.d-nb.de abrufbar.

Das Werk einschließlich aller seiner Teile ist urheberrechtlich geschützt. Jede Verwertung
außerhalb der Grenzen des Urheberrechtsgesetzes ist ohne Zustimmung des Verlages
unzulässig und strafbar. Dies gilt insbesondere für Vervielfältigungen, Übersetzungen,
Mikroverfilmungen und die Einspeicherung und Bearbeitung in elektronischen Systemen.

Die Wiedergabe von Gebrauchsnamen, Handelsnamen, Warenbezeichnungen usw. in
diesem Werk berechtigt auch ohne besondere Kennzeichnung nicht zu der Annahme,
dass solche Namen im Sinne der Warenzeichen- und Markenschutz-Gesetzgebung als frei
zu betrachten wären und daher von jedermann benutzt werden dürften.

Die Informationen in diesem Werk wurden mit Sorgfalt erarbeitet. Dennoch können
Fehler nicht vollständig ausgeschlossen werden und die Diplomica Verlag GmbH, die
Autoren oder Übersetzer übernehmen keine juristische Verantwortung oder irgendeine
Haftung für evtl. verbliebene fehlerhafte Angaben und deren Folgen.

Alle Rechte vorbehalten

© Bachelor + Master Publishing, Imprint der Diplomica Verlag GmbH
Hermannstal 119k, 22119 Hamburg
http://www.diplomica-verlag.de, Hamburg 2014
Printed in Germany

Inhaltsverzeichnis

Es geht [...] um das Leben [...] – mit seiner blinden Kraft
und seiner ungeheuren Fähigkeit zur Destruktion,
aber auch mit seinem noch stärkeren Drang zum Wachsen dort,
wo Gelegenheit zum Wachsen geschaffen wird.

Carl R. Rogers[1]

Einführung

Noch bis Ende der 70er Jahre wurden die drei „A's" (Abgeschiedenheit, An-
dacht und Arbeit) als entscheidende Wirkmechanismen der Suchtbehandlung
angesehen. Damit ging ein meist strenger konfrontativer und für alle „Süchtigen" uniformer Behandlungsstil einher. Um überhaupt in Behandlung zu
kommen, wurde eine „hohe" Motivation, die als stabile Eigenschaft aufgefasst wurde, als Voraussetzung angesehen. Aus dieser Sicht heraus waren
Berater und Therapeuten nicht bzw. in geringem Maße verantwortlich für die
Motivation von Suchtkranken. Nur hohe intrinsische Motivation, die auch an
unangenehmen Prozeduren nicht scheiterte, ließ einen Behandlungsversuch
als lohnend erscheinen. Das führte u. a. dazu, dass Menschen mit einem
problematischen Substanzkonsum oder einer bereits bestehenden Abhängigkeitserkrankung und teilweise Folgestörungen mehrere Jahre zwischen
Arzt- und Krankenhausbehandlungen pendelten, ohne suchtspezifische Hilfen zu bekommen. Die damals (und bisweilen noch heute) herrschende traditionelle Haltung von Suchtexperten, dass Suchtkranke erst „ganz am Boden"
(meist sind das körperliche, psychische und soziale Folgen, die kaum noch –
selbst nicht durch Abstinenz – rückgängig gemacht werden können) sein
müssen, um für eine Behandlung motiviert zu sein, ist aus medizinischer,
therapeutischer und an erster Stelle aus ethischer Sicht abzulehnen (vgl.
Lindenmeyer 2006, S. 18 ff.).

Mit der Übersetzung von Millers und Rollnicks „Motivational Interviewing.
Preparing people to change addictive behavior" und Kellers Einführung des
Transtheoretischen Modell der intentionalen Verhaltensänderung in den
deutschsprachigen Raum - beides 1999 - bekam der in Deutschland schon
von einigen Suchtexperten ab Mitte der 80er Jahre angeschobene Diskurs

---

[1] Das Zitat ist Carl R. Rogers' Einleitung zu „Die klientenzentrierte Gesprächspsychotherapie" ent-
nommen (Rogers 1992, S. 16).

um das Verständnis des Stellenwertes von Veränderungsmotivation und Motivationsförderung für eine möglichst früh einsetzende effektive Behandlung von Abhängigkeitskranken und –gefährdeten Auftrieb. Ohne an dieser Stelle die vielen Für und Wider des Diskurses um Krankheits-, Bewältigungs- und Motivationsmodelle, um Abstinenz als höchstes Ziel und Zieloffenheit, um weltanschauliche und wissenschaftliche Ansichten auszuführen, sei darauf hingewiesen, dass dieser Diskurs bei weitem noch nicht beendet ist.

Trotzdem kann mittlerweile von einem Paradigmenwechsel gesprochen werden. Moderne Suchtprävention und –behandlung nutzt ein verändertes Motivationskonzept: Motivation wird nicht als quantitativer Status, sondern interaktioneller Prozess und Motivation nicht Behandlungsvoraussetzung, sondern als (zentraler) Teil der Behandlung angesehen. Anstelle von Motivationsprüfungen und –hürden geht es darum, Veränderungsschritte früh zu fördern und so viel Unterstützung wie möglich anzubieten unter Wahrung der Autonomie und der Würde des Klienten. In den Blick der Suchthilfe[2] kommen nun auch Personen mit riskantem Substanzkonsumverhalten, um hier früh die Auseinandersetzung mit dem Verhalten anzuregen, um letztlich möglichen (weiteren) Störungen vorzubeugen.

Zur Umsetzung der Förderung von Veränderungsmotivation bietet sich insbesondere der Ansatz der „Motivierenden Gesprächsführung" an. Miller und Rollnick „... definieren motivierende Gesprächsführung als eine klientenzentrierte, direktive Methode zur Verbesserung der intrinsischen Motivation für eine Veränderung mittels der Erforschung und Auflösung von Ambivalenz" (Miller und Rollnick 2004, S. 47).

Diesen Ansatz der „Motivierenden Gesprächsführung" untersucht die vorliegende Arbeit genauer. Die Fragestellungen lauten: Welche theoretischen Quellen liegen den Postulaten über Motivation zur Veränderung und deren Förderung zugrunde? Welche Zusammenhänge, logischen Folgen oder auch Unklarheiten gibt es zwischen den einzelnen Theorien und „Motivierender

---

[2] Spätestens hier wird deutlich, dass der frühere Begriff der „Suchtkrankenhilfe" nicht mehr die Vielfalt der Leistungen des Suchthilfesystems beschreibt. Seit 2005 beschreibt der Begriff „Suchthilfe" das differenzierte Hilfesystem (vgl. Deutsche Hauptstelle für Suchtfragen 2005).

Gesprächsführung" und z. T. zwischen den Theorien untereinander? Wie werden die theoretischen Annahmen umgesetzt, welche Methoden sind dazu geeignet? Und wie wird der Ansatz aktuell in der Suchthilfe angenommen und umgesetzt?

An diesen Fragen entlang ergibt sich die Gliederung der vorliegenden Arbeit in einen theoretischen Teil im ersten Kapitel, einen methodischen Teil im zweiten und einen praktischen Teil im dritten Kapitel. Schlussfolgerungen, die sich aus der Beschäftigung mit Theorie, Methode und Praxis ergeben werden im vierten Kapitel ausgeführt.

1   Theoretischer Kontext der „Motivierenden Gesprächsführung"

Miller betont, den Ansatz der „Motivierenden Gesprächsführung" nicht auf theoretischem Weg entwickelt zu haben, sondern aus der Praxis heraus. Sozusagen nachträglich setzte er das Modell in einen theoretischen Kontext, der nach und nach erweitert wurde (vgl. Miller 1999, S. 2). „Motivierende Gesprächsführung" nutzt Erkenntnisse aus sozial-, motivationspsychologischen und lerntheoretischen Ansätzen (vgl. Miller und Rollnick 1999, S. 14). Das daraus abgeleitete Interventionsmodell und die Haltungen von Beratern/Therapeuten[3] folgen Ansätzen aus der humanistischen und kognitiven Psychotherapie. „Motivierende Gesprächsführung" folgt demnach keinem bestimmten theoretischen Konzept, sondern ist als eklektischer[4] Ansatz zu verstehen. Den wesentlichen theoretischen Quellen, die Miller und Rollnick in ihren Publikationen erwähnen, wird im Folgenden zum tieferen Verständnis nachgegangen und die relevanten Aspekte kurz mit ihrem jeweiligen Bezug zur „Motivierenden Gesprächsführung" dargestellt. Die im Punkt 1.1 angeführten Überlegungen zur Motivation fallen insofern aus der Rolle, das hier keine von Miller und Rollnick explizit angeführten theoretischen Grundlagen beschrieben werden. Es wird vielmehr versucht, ein Grundverständnis von

---

[3] Motivierende Gesprächsführung versteht sich sowohl als Beratungs- und Therapiekonzept, daher wird im Folgenden meist die Kombination Berater/Therapeut verwendet. Zur vereinfachten Sprachregelung: Wenn im Weiteren von Beratern, Therapeuten, Klienten die Rede ist, sind genauso Beraterinnen, Therapeutinnen und Klientinnen gemeint.
[4] Grawe bezeichnet eine Therapieform als eklektisch, wenn die zur Anwendung kommenden Therapiemethoden aus verschiedenen Therapierichtungen stammen (vgl. Grawe 1994, S. 638).

Motivation und Motivationsmodellen vor allem im Suchthilfebereich zum gegenwärtigen Zeitpunkt zu skizzieren und dabei die Parallelen zur „Motivierenden Gesprächsführung" zu zeigen. Zum Schluss des Kapitels werden Grundannahmen und -haltungen der „Motivierenden Gesprächsführung" noch einmal zusammengefasst.

1.1 Motivationspsychologische Überlegungen

Dem Ansatz der „Motivierenden Gesprächsführung" liegt die zunächst von Miller formulierte Annahme zu Grunde, dass Suchtverhalten vorwiegend ein Motivationsproblem ist. Systematische Studien der Zusammenhänge von Suchtverhalten und volitionalen Prozessen ließen am Diagnosemerkmal „Kontrollverlust" bzw. „verminderte Kontrolle", welches das kognitive Leitkonstrukt der medizinischen Diagnose von Abhängigkeit[5] darstellt, zweifeln und damit auch an den daraus abgeleiteten Interventionsstrategien (vgl. Miller 1998, S. 2 f.). Miller und Rollnick sehen die Förderung von Motivation für eine Veränderung als „... in sich selbst [...] angemessene Aufgabe, zeitweise sogar die wichtigste und notwendigste Aufgabe, innerhalb einer ‚helfenden' Beziehung..." (Miller und Rollnick 2004, S. 42).

Petry unterstützt die Annahme der Priorität der Motivationsproblematik u. a. mit seinem „Erwartungs-Wert-Modell zur Entstehung und Überwindung süchtigen Verhaltens", wonach verkürzt die Suchttendenz das Ergebnis einer Subtraktion der Veränderungsmotivation von der Konsummotivation ist (vgl. Petry 1993, S. 93 f.).

---

[5] Die aktuell gültige Definition für ein Abhängigkeitssyndrom (psychoaktive Substanzen) nach ICD-10 GM, Version 2007: „Eine Gruppe von Verhaltens-, kognitiven und körperlichen Phänomenen, die sich nach wiederholtem Substanzgebrauch entwickeln. Typischerweise besteht ein starker Wunsch, die Substanz einzunehmen, Schwierigkeiten, den Konsum zu kontrollieren, und anhaltender Substanzgebrauch trotz schädlicher Folgen. Dem Substanzgebrauch wird Vorrang vor anderen Aktivitäten und Verpflichtungen gegeben. Es entwickelt sich eine Toleranzerhöhung und manchmal ein körperliches Entzugssyndrom" (DIMDI 2006, S 157).

John et al. kommen nach Vergleich von relevanten Studien zu Motivierungs-maßnahmen bei Alkoholproblemen ebenfalls zu der plausiblen Hypothese, dass die persönliche Entscheidung, das Problemverhalten zu ändern, prädikativ für die spätere Aufrechterhaltung des veränderten Verhaltens ist und dass damit die Wahl der Wege dahin (z. B. Therapie oder auch Selbsthilfe-gruppe) eher zweitrangig ist (vgl. John et al. 2000, S. 42).

Wenn Suchtverhalten (bzw. später weiter gefasst gesundheitsschädigendes bzw. -gefährdendes Verhalten) vorwiegend als ein Problem fehlender Motivation (für ein gesünderes Alternativverhalten) aufgefasst wird und das gesundheitspolitische Ziel in der Vermeidung von möglichen Folgeerkrankungen besteht, stellt sich die Frage, wie kann die Motivation für eine Veränderung gefördert werden? Speziell dafür braucht es weniger Erkenntnisse über Suchtursachen- bzw. Störungsmodelle, sondern genauere Kenntnisse über die Zusammenhänge von Motivation, Entscheidungen und Verhalten.

Motivation ist ein viel gebrauchter und in zahlreichen Varianten interpretierter Begriff. Zimbardo definiert Motivation allgemein als: „umfassenden Begriff, der sich auf das Ingangsetzen, Steuern und Aufrechterhalten von körperlichen und psychischen Aktivitäten bezieht" und „auf interne Variablen und Prozesse verweist" sowie „zur Erklärung beobachteter Verhaltensänderung beiträgt". Dazu gehörig beschreibt er ein Motiv als „interne Bedingung für das Ingangsetzen, Steuern und Aufrechterhalten einer spezifischen Klasse von Verhaltensweisen [...]. Ein Motiv ist wenigstens teilweise erlernt und das Ergebnis sozialer Einflüsse" (Zimbardo 1992, S. 618).

Ähnlich - speziell für die Suchthilfe - sieht Schwoon Motivation als ein prozesshaftes Geschehen an, welches durch Wechselwirkungen zwischen individuellen und strukturellen Bedingungen bestimmt wird. Er versteht Motivation (eingrenzend auf den Bereich der Interventionen) als Bereitschaft, einen Veränderungsprozess zu beginnen, ihn fortzusetzen und die erreichten Veränderungen aufrechtzuerhalten. Er unterscheidet drei Konzepte:

→ Behandlungsmotivation als Motivation, eine störungsspezifische Behandlung aufzunehmen

5

→ Abstinenzmotivation als Motivation, ein suchtmittelfreies Leben führen zu wollen und

→ Änderungsmotivation als Bereitschaft, störungsspezifische und störungs-unspezifische Verhaltensweisen zu ändern (vgl. Schwoon 1998, S. 1 ff.).

Behandlungsmotivation kann Abstinenz- und Veränderungsmotivation enthalten, muss aber nicht logisch enthalten sein; Abstinenzmotivation kann Behandlungs- und muss Veränderungsmotivation enthalten; Veränderungsmotivation muss weder (aber kann) Behandlungs- noch Abstinenzmotivation enthalten.

Problematisch sind die Konstrukte Abstinenz- und Behandlungsmotivation vor allem bei Klienten, die keine Abhängigkeit aufweisen, da hier weiterführende Behandlungsmaßnahmen meist keine Rolle spielen und Abstinenz kein angemessenes Veränderungsziel darstellt. Hier kann z. B. bei Risikoverhalten im Sinne einer Früherkennung und –intervention nur die Änderungsmotivation thematisiert werden. Bei Klienten mit einer Abhängigkeitsproblematik ist die Änderungsmotivation nach einer Untersuchung von DiClemente für den Behandlungserfolg entscheidender als die Behandlungsmotivation (vgl. Freyer 2006, S. 47) .

Miller und Rollnick schließen sich der lerntheoretisch begründeten Definition an von Motivation als „... Wahrscheinlichkeit [...], mit der eine Person eine spezifische Veränderungsstrategie ergreift und daran festhält" (Miller und Rollnick 1999, S. 35). Im Zusammenhang mit „Motivierender Gesprächsführung" ist ausdrücklich die Änderungsmotivation gemeint, da nur hier die dem Modell inhärente Zieloffenheit vorliegt.

Im Ansatz der „Motivierenden Gesprächsführung" ist nach Ansicht von Miller ein motivationales Modell der Verhaltensänderung schon enthalten, muss aber seiner Ansicht nach noch differenzierter entwickelt werden (vgl. Miller 1998, S. 6). Motivationsmodelle zur Suchtentwicklung bedeuten nach Kremer (vgl. 2001, S. 166) einen wesentlichen Fortschritt im Bereich der Suchterkrankungen u. a. mit dem Effekt einer Normalisierung und Entdramatisierung,

so dass Suchtverhalten vergleichbar wird mit anderen psychisch beeinfluss-
baren Verhaltensweisen.

1.2 Kognitive Dissonanztheorie

Der kognitiven Dissonanztheorie nach Leon Festinger liegt die Annahme zugrunde, dass Menschen nach Harmonie, Konsistenz oder Übereinstimmung
zwischen ihren Kognitionen[6] streben. Paare von Kognitionen können in einer
irrelevanten (füreinander ohne Bedeutung) oder einer relevanten konsonanten (eine Kognition folgt aus der anderen) oder relevanten dissonanten (das
Gegenteil der einen Kognition folgt aus der anderen) Beziehung zueinander
stehen. Letzteres ist ein unausgewogener Zustand, der einen Druck zur Reduktion dieses Spannungszustandes erzeugt. Die Stärke der Dissonanz ist u.
a. direkt abhängig von der wahrgenommenen Wichtigkeit der beiden Kognitionen. Eine große Dissonanz erhöht die Stärke des Drucks zur Reduktion der
Dissonanz (vgl. Festinger 1978, S. 253 ff.) Es wird davon ausgegangen, dass
Dissonanz „... ein eigenständiger motivierender Faktor ist" (Festinger 1987,
S.17).

Dissonanzreduktion ist möglich, indem

- die Kognition des Verhaltens geändert wird, also die Ursache der Dissonanz beseitigt wird (vgl. ebd., S. 31)

- neue konsonante Kognitionen hinzugefügt werden

- die Relevanz der dissonanten Kognitionen heruntergestuft werden

- die Relevanz der konsonanten Kognitionen heraufgesetzt werden (vgl.
  ebd., S. 256).

Ein typisches Beispiel zur Dissonanzreduktion beschreibt Festinger anhand
eines Gewohnheitsrauchers, welcher durch die Information, dass Rauchen
schädlich für die Gesundheit sei, eine kognitive Dissonanz empfindet, da diese Information seiner an sich gesundheitsbewussten Einstellung wider-

---

[6] Unter „Kognition" oder „kognitivem Element" ist nach Festinger „... irgendeine Kenntnis, Meinung o-
der Überzeugung von der Umwelt, von sich selbst oder von dem eigenen Verhalten" zu verstehen (vgl.
Festinger 1978, S. 17).

spricht. Der ersten Strategie entspräche, die Ursache zu beseitigen, also mit dem Rauchen aufzuhören. Mittels der zweiten Strategie würde er seinem Wissen neue Kognitionen hinzufügen, die mit dem Rauchen konsonant sind: z. B. aktiv nach Informationen zu suchen, die bestätigen, dass Rauchen die Konzentration erhöht. Die dritte Strategie würde z. B. die Überlegung beinhalten, dass die Wahrscheinlichkeit von Folgeerkrankungen durch das Rauchen sehr viel geringer sei im Vergleich zu Folgen von Übergewicht und Bewegungsmangel, also die Wichtigkeit der dissonanten Kognition herunterstuft. Der vierten Strategie, die Relevanz der konsonanten Kognitionen heraufzusetzen, entspräche, die positiven Aspekte des Rauchens, wie z. B. subjektiv empfundene Entspannung und Gewichtskontrolle höher zu bewerten und für sich persönlich als sehr wichtig einzuschätzen (vgl. Festinger 1978, S. 31 ff.).

Bei (Verhaltens-)Veränderungen, die einen erheblichen Verlust oder erhebliche Schmerzen auf einer Seite bedeuten, ergibt sich ein gewisser Änderungswiderstand, dessen Stärke sich durch das Ausmaß des erwarteten Verlustes bzw. durch das Ausmaß der Befriedigung, die aus dem gegenwärtigen Verhalten gezogen wird, bestimmt (vgl. ebd., S. 37). Am obigen Beispiel ergäbe sich ein hoher Änderungswiderstand, wenn z. B. schwer auszuhaltende Entzugserscheinungen, wie Nervosität und Unkonzentriertheit (Verlust, Schmerzen) erwartet werden oder die empfundenen Vorteile des Rauchens wie entspannende Pausen oder die schlanke Figur einen hohen Stellenwert (Befriedigung) haben.

Ein weiterer wichtiger Aspekt zum Verstehen von Verhalten sind die Aussagen der kognitiven Dissonanztheorie zu getroffenen Entscheidungen, bei denen mindestens zwei Alternativen mit jeweiligen Vor- und Nachteilen zur Auswahl standen. Hier entsteht fast immer Dissonanz. Die Vorteile der verworfenen Alternative stehen zusammen mit den Nachteilen der gewählten Alternative der durchgeführten Handlung dissonant gegenüber. Möglich ist auch eine konsonante Beziehung der durchgeführten Handlung zu den Nachteilen der verworfenen und den Vorteilen der gewählten Alternative. Die Stärke der Dissonanz nach Entscheidungen ist u. a. abhängig von der allgemeinen Wichtigkeit der Entscheidung, von der Stärke der wahrgenommenen

Vorteile der nicht gewählten Alternative und ob die Entscheidung freiwillig getroffen wurde oder durch Belohnung oder Drohung beeinflusst wurde (vgl. Festinger 1978, S. 253 ff.).

Wichtig zu erwähnen und für aus den Erkenntnissen der Theorie abgeleiteten Interventionsansätze sind die teils erheblichen individuellen Unterschiede bei der Wahrnehmung der Intensität der Dissonanz (Dissonanztoleranz) und entsprechend die verschiedenen Möglichkeiten der Reduktion bzw. auch Vermeidung von Dissonanz (vgl. ebd., S. 261 f.). Auf weitere – für das behandelte Thema nicht relevante - Anwendungsgebiete der Theorie der kognitiven Dissonanz wird nicht eingegangen.

Für den Ansatz der „Motivierenden Gesprächsführung" ist die Annahme wesentlich, dass kognitive Dissonanzen einen hauptsächlichen Motivationsfaktor darstellen. Kognitive Dissonanzen bezeichnen Miller und Rollnick vereinfachend als Diskrepanzen zwischen dem gegenwärtigen Zustand und dem idealen Selbstbild. Diskrepanz also zwischen gegenwärtigem Verhalten und persönlichen Werten und Zielen wird als eine zentrale Voraussetzung für Veränderung angesehen und entwickelt (vgl. Miller und Rollnick 2004, S. 60). Sehr verkürzt heißt es entsprechend: „...keine Diskrepanz, keine Motivation" (ebd., S. 43). Diese Diskrepanzen herauszuarbeiten, indem der Klient zur Selbstexploration angeregt wird, sie dann zu nutzen und in Richtung Veränderung zu verstärken ist eines der Interventionsprinzipien.

Zur anschaulichen Darstellung der Ambivalenz führen Miller und Rollnick die Metapher einer Waage oder Wippe ein (siehe Abb. 1) mit zwei Arten von Gewichten: der wahrgenommene Nutzen des aktuellen Verhaltens und entsprechend befürchtete Nachteile einer Veränderung auf der einen Seite und die wahrgenommenen Kosten des aktuellen Verhaltens und der erhoffte Nutzen einer Veränderung auf der anderen Seite. Diese Kosten-Nutzen-Rechnung ist nicht zu vereinfachen im Sinne einer mathematischen Gleichung; die Gewichtung im Sinne der besonderen Bedeutung der einzelnen Vor- und Nachteile für den jeweiligen Klienten zeigt ein komplexes sehr persönliches Bild der Ambivalenz und den damit verbundenen Annäherungs-Vermeidungskonflikt[7] (vgl. Miller und Rollnick 2004, S. 33 f.).

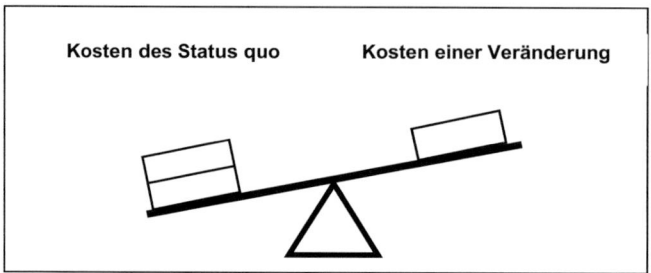

Abb. 1: Wippe-Modell (nach Miller und Rollnick 2004, S. 34)

Anhand der Wippemetapher wird vorstellbar, wie rasch die Motivation zumindest zu Beginn des Prozesses in die andere Richtung umschlagen kann.

Der erschwerenden Situation einer erneuten Dissonanz nach einer möglichen Entscheidung für Veränderung (was z. B. im Bereich von problematischem Substanzkonsum sehr häufig auftritt und u. a. Rückfälle auslösen kann) soll u. a. durch die sehr gründliche Exploration der Vor- und Nachteile mit jeweiligem Vorausdenken möglicher Konsequenzen, detaillierter Planung und Betonung der Autonomie vorgebeugt werden (vgl. Miller und Rollnick 2004, S. 177 ff.).

Die Möglichkeiten der Dissonanzreduktion, die nicht zur Einstellungs- und Verhaltensänderung führen, sind aus Blickwinkel von Beratung/Therapie Widerstandsreaktionen wie z. B. bagatellisieren, leugnen etc. Solcher Widerstand wird in der „Motivierenden Gesprächsführung" als Ausdruck der einen Seite der Ambivalenz ausdrücklich akzeptiert und benannt, aber nicht verstärkt (vgl. Miller und Rollnick 2004, S. 62 f).

---

[7] Miller und Rollnick beschreiben Ambivalenz auch als Annäherungs-Vermeidungs-Konflikt, bei dem Menschen vom gleichen Verhalten (Beziehung, Person, Sache etc.) sich sowohl angezogen als auch abgestoßen fühlen (vgl. Miller und Rollnick 2004, S. 33).

1.3 Theorie der psychologischen Reaktanz

Die Theorie der psychologischen Reaktanz nach Brehm postuliert einen "Reaktanz"[8] genannten motivationalen Zustand, in den ein Mensch gerät, wenn sein Entscheidungsspielraum in irgendeiner Weise eingeengt oder mit Einengung bedroht wird. Erlebt ein Mensch eine Bedrohung oder tatsächliche Einschränkung bisheriger Freiheitsräume, so wird er mehr oder weniger Energie darauf verwenden, seine Freiheit[9] wieder herzustellen bzw. die Bedrohung seiner Freiheit abzuwenden. Hierbei wird vorausgesetzt, dass der betroffene Mensch das Gefühl hat, in der fraglichen Sache überhaupt entscheiden zu können und zu wollen. Die Stärke der Reaktanz hängt ab von:

- der Wichtigkeit der eingeengten Freiheit

- dem Umfang des (subjektiven) Freiheitsverlustes

- der Stärke der Einengung (vgl. Dickenberger 2006, S. 96 f.).

Reaktanz zeigt sich in (mindestens) einem der folgenden Effekte:

→ Die Person, deren Freiheit bedroht ist (etwa durch ein Verbot), tut genau das, was sie nicht tun soll. (direkte Wiederherstellung der Freiheit)

→ Die Person demonstriert ihre Freiheit, indem sie ein anderes, aber vergleichbares Verhalten zeigt oder indem sie einer nächsten Aufforderung zu einem bestimmten Verhalten nicht nachkommt. (indirekte Wiederherstellung der Freiheit)

→ Die Person greift diejenigen, die ihre Freiheit bedrohen, körperlich oder psychisch an. Auch empfundene Wut als Möglichkeit der Erregungsabfuhr ist Effekt von Reaktanz. (Aggressionen)

→ Die Person findet genau die Alternative attraktiv, die ihr genommen werden soll und entwickelt zunehmend mehr das Gefühl, selbst entscheiden zu wollen und zu können (Attraktivitätsveränderung) (vgl. Dickenberger 2006, S. 98).

---

[8] Reaktanz ist ursprünglich ein Begriff aus der Physik und bezeichnet einen Blindwiderstand.
[9] Freiheit ist hier gemeint als Wahl zwischen Entscheidungsoptionen (ob, wann und wie gehandelt / sich verhalten wird) und wird auch als Erwartung von Kontrolle angesehen (vgl. Dickenberger 2006, S. 96 ff.).

Wenn die Freiheitseinengung von außen vermindert oder abgebaut wird, sinkt die Stärke der Reaktanz. Dieses wird erreicht, indem eine andere (als die einengende) Person bzw. auch die einengende Person (oder auch Instanz), der Person, die sich in ihrer Freiheit bedroht fühlt, vorher ausgeschlossene Alternativen (wieder) zur Verfügung stellt (vgl. Dickenberger 2006, S. 99). In Beratungs- und Therapieprozessen in der Suchthilfe tritt wie oben beschriebene Reaktanz (oder mit dem üblichen Begriff Widerstand) häufig auf. Ursachen solchen Verhaltens u. a. der Wahrnehmung des Klienten von Freiheitseinschränkung zuzuschreiben, wird plausibel angesichts der Tatsache, dass nur ein geringer Anteil der Klienten ohne äußeren sozialen Druck eine Beratung/Behandlung beginnt und in Vorwegnahme des Prozesses kaum Alternativen und Entscheidungsmöglichkeiten erwartet. Ebenso denkbar ist auch die hohe Nichtantrittsquote eines Teils der Klienten in stationäre Drogentherapien, die mit einer (angekündigten) zeitlich begrenzten starken Einschränkung persönlicher Entscheidungsfreiheit (die in der Vorstellung sehr bedrohlich erscheinen kann) einhergehen, mit dieser Theorie in Verbindung zu sehen. Hier ist häufig eine hohe Änderungs- und Behandlungsmotivation erkennbar, aber diese Hilfeform ist dann nicht akzeptabel.

Ob ein Klient angesichts der Konfrontation mit für ihn bedrohlich wahrgenommenen Informationen kognitive Dissonanz erlebt oder Reaktanz entwickelt ist abhängig von der Attribution (Ursachenzuschreibung), z. B. kann die Aussage eines Arztes: „Sie sind schwer alkoholabhängig und müssen sofort aufhören Alkohol zu trinken!" einerseits bei internaler Attribution eher eine Dissonanzreduktion durch die bekannten Möglichkeiten (neue Kognitionen, Herunterstufung der Relevanz der dissonanten Kognitionen oder Heraufsetzen der Relevanz der konsonanten Kognitionen) angestrebt werden, bei externaler Attribution wird eher Reaktanz mit dem Ziel der Freiheitswiederherstellung mit o. g. Effekten auftreten.

Völlig fehlende Reaktanzreaktionen bei freiheitseinschränkenden Interventionen sind eher ein Zeichen für Apathie im Sinne der Theorie der erlernten

Hilflosigkeit[10] und weniger Zeichen für Veränderungsmotivation. In Zusammenschau dieser entgegengesetzten Reaktionen besteht die Annahme, dass Freiheitseinschränkung (auch im Sinne von fehlender Kontrollerwartung) von geringem Ausmaß und kurzer Dauer zu Reaktanzreaktionen und begleitendem Ärger führt; bei länger andauernder Freiheitseinschränkung und bei Aufgabe von Kontrollerwartungen werden Reaktanzreaktionen eher geringer und können bis hin zum gänzlichen Motivationsverlust führen und damit in Hilflosigkeit übergehen (vgl. Fritsche, Jonas und Frey 2006, S. 90).

Miller und Rollnick beziehen die Theorie in ihr Ambivalenzkonzept als Erklärung für die von ihnen genannten „paradoxen Reaktionen" mit ein: trotz des Wissens und Wahrnehmens von erheblichen Nachteilen eines Verhaltens (z. B. gesundheitlicher Störungen) wird bei erheblichem Druck von außen und damit empfundener Freiheitseinschränkung das Verhalten fortgesetzt bzw. noch verstärkt (vgl. Miller und Rollnick 2004, S. 36 ff.). Für den Beratungs- bzw. Therapieprozess wird dementsprechend angenommen, dass so gemeinter Widerstand auch Folge von unangemessenen Interventionen des Beraters/Therapeuten ist. Werden vor allem die scheinbar so augenscheinlichen Nachteile des Klientenverhaltens vermittelt mit der scheinbar ebenso logischen Konsequenz einer Forderung der Änderung, wird der Klient eher mit den Vorteilen des Status quo argumentieren. Der „Vorteil" dieser Reaktionen ist, dass sie für den Berater/Therapeuten wahrnehmbare Achtungszeichen sind und weitere Interventionen danach ausgerichtet werden können.

1.4 Selbstwirksamkeitstheorie

Selbstwirksamkeit ist nach Albert Bandura die Erwartung bzw. die Überzeugung, ein bestimmtes Verhalten ausführen zu können bzw. eine bestimmte Situation bewältigen zu können. Selbstwirksamkeit (auch Selbstwirksamkeitserwartung, Kompetenzerwartung) hat sich als bedeutsamer Faktor in verschiedenen Theorien zur Erklärung von Verhalten und Verhaltensände-

---

[10] Schreibt sich eine Person ein negatives Ereignis selbst und zudem stabilen Ursachen zu, verringert dies ihr Selbstwertempfinden und sie erwartet eher auch in Zukunft negative Ereignisse. Kommt dazu, dass die Person glaubt, dass von ihr nicht zu beeinflussende (globale) Faktoren ursächlich für negative Ereignisse verantwortlich sind, generalisieren sich Misserfolgserwartungen und bewirken Hilflosigkeit (vgl. Försterling 1994, S. 237).

rungen erwiesen. Das Konstrukt der Selbstwirksamkeit ist ursprünglich Bestandteil der sozial-kognitiven Theorie von Bandura, deren Ziel es ist, "...menschliches Verhalten unter der Annahme einer ständigen Wechselwirkung zwischen kognitiven Determinanten, Verhaltensdeterminanten und Umweltdeterminanten zu erklären" (Bandura 1979, S. 10). Nach Bandura ist nicht die tatsächliche Kompetenz entscheidend, ob Personen ein Verhalten ausüben oder nicht, sondern die Überzeugung der Kompetenz. Das heißt, wer nicht überzeugt ist, z. B. ein problematisches Verhalten ändern und ein anderes Verhalten zeigen zu können, obwohl er überzeugt ist, ein ernsthaftes Problem zu haben und klare Einsicht in Änderungsnotwendigkeiten zeigt, wird erst gar keinen Versuch unternehmen. Die Selbstwirksamkeit wird von vier verschiedenen Quellen bestimmt:

- direkte Erfahrung, z. B. erfolgreiches Meistern einer Anforderungssituation in der Vergangenheit führt zur Verstärkung, Misserfolg zur Schwächung der Selbstwirksamkeit

- indirekte, auch stellvertretende Erfahrung, z. B. erfolgreiches Meistern einer Anforderungssituation durch eine andere, möglichst ähnliche Person (Modellbeobachtung)

- symbolische Erfahrung, z. B. Zuspruch von vertrauenswürdigen Anderen (soziale Unterstützung)

- Ausmaß emotionaler Erregung, z. B. ein Zuviel oder Zuwenig von emotionaler Erregung ist nicht leistungsfördernd (vgl. Stalder 1985, S. 244 ff).

Zwischen Selbstwirksamkeit und Verhalten besteht eine wechselseitige Abhängigkeit: Personen entwickeln Ziele oder Standards als Grundlage für ihre Handlungen. Es werden verschiedene Handlungsalternativen in Betracht gezogen und eine Entscheidung für das konkrete Verhalten mit Blick auf die erwarteten Ergebnisse und die wahrgenommene Selbstwirksamkeit getroffen. Nach Ausführung der Handlung wird das Ergebnis anhand äußerer sozialer und innerer Auswertung überprüft. Wenn die Auswertung positiv ausfällt, werden entweder die Anstrengungen vermindert oder für künftige Handlungen höhere Standards gesetzt. Bei negativer Bewertung (Misserfolg, Versagen) entscheiden der Wert des Ergebnisses und die Selbstwirksamkeit bei früheren Bemühungen über Aufgabe oder neuen Versuch (vgl. Pervin 2000, S. 393).

In der „Motivierenden Gesprächsführung" ist die Förderung der Selbstwirksamkeit eines der Interventionsprinzipien, welches mit bestimmten Methoden zur Förderung von Änderungszuversicht umgesetzt wird. Oben genannte Quellen werden systematisch erkundet und gestärkt, z. B. durch Erfragen und Verstärken vergangener Erfolge, dem Erforschen von Quellen sozialer Unterstützung, dem Zuspruch bzw. der Veränderung zutrauenden Haltung des Beraters und nicht zuletzt in einer ruhigen, förderlichen Atmosphäre (vgl. Miller und Rollnick 2004, S. 155 f).

Auch im Zusammenhang mit der für Veränderung notwendigen Selbstwirksamkeit ist noch einmal das in der Beratung und Therapie bei Suchtverhalten häufig auftretende Phänomen der erlernten Hilflosigkeit zu sehen. Miller und Rollnick bezeichnen diesen Zustand bei Klienten als fehlende Zuversicht, als Gefühl, dass eine Veränderung nicht erreichbar ist, obwohl möglicherweise die Dringlichkeit einer Veränderung wahrgenommen wird. Auch niedrige Zuversicht wird als ambivalenter Zustand gesehen mit der Annahme, dass eine 100%ige Nicht-Zuversicht nicht möglich ist, also die Möglichkeit der Verstärkung der - wenn auch sehr geringen - zuversichtlichen Anteile besteht (vgl. ebd., S. 156).

1.5 Selbstwahrnehmungstheorie

Der Selbstwahrnehmungstheorie nach Daryl Bem zufolge können Einstellungen, Meinungen und Gefühle, die nicht genau definierbar oder vieldeutig sind, durch Beobachtungen des eigenen Verhaltens und der Situation, in der sich das Verhalten abspielt, erschlossen werden. Anknüpfend an die in der Attributionstheorie[11] formulierten Annahme, dass Menschen versuchen das Verhalten anderer Menschen zu verstehen, um zu einem Kausalzusammen-

---

[11] Als Attributionstheorien werden theoretische Ansätze bezeichnet, die untersuchen, wie Menschen Ereignisse auf ihre zu Grunde liegenden Ursachen zurückführen, um sie zu verstehen, vorherzusagen und zu kontrollieren (vgl. Försterling 2006, S. 354).

hang oder einer sinnvollen Erklärung zu kommen, geht die Theorie der Selbstwahrnehmung davon aus, dass Menschen die selben Attributionsprinzipien, die sie auf andere anwenden, auch auf sich selbst anwenden (vgl. Bem 1974, S. 74 ff.)

Wenn demnach Verhalten und dessen Bedingungen eine Grundlage für Meinungen und Einstellungen sind, dann ist die Veränderung individuellen Verhaltens eine Möglichkeit, eigene Meinungen und Einstellungen zu ändern – kurz gesagt: Einstellungen folgen (unter bestimmten Bedingungen) Verhalten. Das entspricht der Möglichkeit der Reduktion kognitiver Dissonanzen, bei welcher neue konsonante Kognitionen hinzugefügt werden, um z. B. das mit ursprünglichen Einstellungen dissonante Verhalten zu rechtfertigen und somit „richtig" zu stellen; auch hier folgt dem Verhalten eine (neue) Einstellung (vgl. Bem 1974, S. 73).

In der „Motivierenden Gesprächsführung" finden sich auf diesen Überlegungen aufbauende Komponenten. In Verbindung mit der Selbstwirksamkeitstheorie gehen Miller und Rollnick davon aus, dass die Aussagen, die eine Person bezüglich ihrer Änderungsbereitschaft und Selbstwirksamkeit macht, diese verstärken im Sinne von: „Wenn ich dem zuhöre, was ich sage, dann erfahre ich, was ich glaube"[12]. Dieses kann sich in Richtung Widerstand entwickeln z. B. bei konfrontierender Ansprache und reaktanter Gegenteilsbekundung; im Sinne „Motivierender Gesprächsführung" werden änderungsbezogene, zuversichtliche Aussagen gefördert (vgl. Miller und Rollnick 2004, S. 41).

Ebenfalls wird auf den Annahmen der Selbstwahrnehmungstheorie in Verbindung mit der kognitiven Dissonanztheorie aufgebaut bei der Förderung von Problemerkenntnis, z. B. über das Führen eines Konsumtagebuches von Menschen mit problematischem Substanzkonsum, welches tatsächliches

---

[12] Bem und Kollegen haben in zahlreichen Untersuchungen festgestellt, dass Menschen für diesen „Selbstüberredungs-Effekt" umso empfänglicher werden, je freier sie sich in der Situation fühlen und wenn sie solche Aussagen unter Bedingungen machen, von denen sie selbst annehmen, dass sie unter diesen Bedingungen die Wahrheit sagen (z. B. in Befragungen bei einem Anwalt) (vgl. Bem 1978, S. 82 f.).

Verhalten widerspiegelt und häufig eigene Vorstellungen der Einstellungen zum Konsum revidiert und kognitive Diskrepanzen fördert.

1.6 Selbstregulationstheorie

Das von Frederic Kanfer entwickelte Selbstregulationsmodell geht davon aus, dass bei Menschen bei unerwarteter Unterbrechung eines automatisierten routinemäßigen Verhaltensflusses oder ausbleibender erwarteter Wirkung des Verhaltens ein Prozess der Selbstregulation einsetzt. Solche Unterbrechungen können ungewohnte Situationen, veränderte Umweltbedingungen oder Lernerfordernisse sein. Selbstregulation meint, „... dass eine Person ihr eigenes Verhalten im Hinblick auf selbstgesetzte Ziele steuert; die Regulation erfolgt durch eine Modifikation des Verhaltens selbst oder durch eine Einflußnahme auf die Bedingungen des Verhaltens" (Kanfer, Reinecker und Schmelzer 2000, S. 33). Die Wahrnehmung einer Diskrepanz zwischen Ist- und Soll-Zustand und die Motivation zur Erreichung des Zieles setzt den Prozess der Selbstregulation in Gang. Selbstregulation verläuft in drei grundlegenden, sich ggf. mehrmals wiederholenden Phasen:

1. Selbstbeobachtung: absichtliches Beobachten des eigenen Verhaltens in Beziehung zum entsprechenden Zielverhalten

2. Selbstbewertung: Vergleich der durch Selbstbeobachtung erhaltenen Informationen mit Standards; bei Nichterreichen des Standards ist Lernprozess möglich, indem Verhalten geändert wird

3. Selbstverstärkung: bei Erreichen eines Verhaltens, welches dem Standard entspricht, folgt positive Selbstverstärkung und Fortführung der unterbrochenen Handlungskette; bei Nichterreichen neuer Verhaltensversuch oder Abbruch des Prozesses und/oder Änderung der Standards, wenn sie sich als ungeeignet für das Erreichen des Handlungszieles erweisen (vgl. Kanfer 1977, S. 373 f.).

Dieses einfache Grundmodell wurde mehrfach weiterentwickelt und berücksichtigt zunehmend mehr Variablen wie z. B. Affekte, soziale Normen, Attributionen und zirkuläre Prozesse innerhalb der Phasen (vgl. Kanfer, Reinecker und Schmelzer 2000, S. 40 f.). Ebenso wie die den Alltag bestimmenden nützlichen automatisierten Handlungsketten (wie z. B. Autofahren, Alltagsgespräche führen etc.) können pathologische Reaktionen Merkmale von Automatisierung aufweisen (z. B. komplexe Verhaltensmuster bei riskantem Alkohol- oder Drogenkonsum). Bei den letztgenannten Verhaltens- und Handlungsweisen kann durch die Stimulation der Selbstregulation eine Veränderung angeregt werden (vgl. ebd., S. 35).

Ein Spezialfall der Selbstregulation stellt die Selbstkontrolle dar. Kennzeichnend für Selbstkontrolle ist das Auftreten von mindestens zwei konflikthaft empfundenen Verhaltensalternativen. Die beiden Grundmuster von Selbstkontrolle finden sich im Widerstehen einer Versuchung und im Ertragen einer sehr unangenehmen Situation, jeweils um letztlich langfristig einen positiven Effekt und damit ein bestimmtes sich gesetztes Ziel zu erzielen, z. B. fördert der Verzicht auf Süßigkeiten das Idealgewicht oder der angstbesetzte Gang zum Zahnarzt kann spätere Schmerzen verhindern. Selbstkontrolle setzt intrinsische Motivation zum Erreichen eines Zieles voraus. Wenn das Verhalten (wie im obigen Beispiel das Naschen) kein Konflikt für die Person darstellt und die langfristigen Nachteile kein Problem und die Vorteile nichts Erstrebenswertes sind, ist das Selbstkontrollkonzept nicht anwendbar (vgl. Kanfer 1977, S. 58 ff.).

Die praktische Umsetzung der Stimulation von Selbstregulation und/oder der Förderung intrinsischer Motivation für Verhaltensänderung im Beratungs- und Therapiebereich ist das verhaltenstherapeutische spezifische Interventionsmodell der „Selbstmanagement-Therapie". „Die Selbstmanagement-Therapie geht davon aus, daß der Patient im Laufe des therapeutischen Prozesses effektive Fähigkeiten zur Selbstregulation und Selbstkontrolle entwickeln kann; diese Fähigkeiten helfen ihm, seine eigenen, meist erst noch zu klärenden Ziele zu erreichen, wobei diese Ziele im wesentlichen auch für die Gemeinschaft akzeptabel sein sollen" (ebd., S. 43). Im Idealfall werden im Therapieprozess sieben aufeinander folgende Phasen durchlaufen:

1. Eingangsphase - Schaffung günstiger Ausgangsbedingungen (u. a. Bildung therapeutisches Bündnis; Klärung von Rollen und Erwartungen)

2. Aufbau von Änderungsmotivation und vorläufige Auswahl von Änderungsbereichen (aktive Klärung und Förderung der Änderungsmotivation, vorläufige Auswahl von Änderungsbereichen)

3. Erstellung einer funktionalen Verhaltensanalyse und Ableitung des funktionalen Bedingungsmodells (weitere Präzisierung der Problemdefinitionen)

4. Vereinbarung therapeutischer Ziele

5. Planung, Auswahl und Durchführung therapeutischer Interventionen

6. Evaluation der therapeutischen Fortschritte

7. Erfolgsoptimierung und Therapiebeendigung.

Jeder Phase werden konkrete Handlungsanweisen für die Therapeuten sowie Anforderungen für die Klienten zugeordnet (vgl. Kanfer, Reinecker und Schmelzer 2000, S. 139).

Miller und Rollnick bezeichnen die Theorie der Selbstregulation als ein grundlegendes Erklärungskonzept für ihre Annahmen bezüglich der Veränderung von Problemverhalten, insbesondere der Ambivalenz und darauf aufbauende Strategien „Motivierender Gesprächsführung" (vgl. Miller und Rollnick 1999, S. 14). Miller schließt u. a. aus der Theorie der Selbstregulation, dass Veränderung wahrscheinlich wird, wenn eine Person 1. ein erstrebenswertes Ziel (der diskrepante Wert zum gegenwärtigen Verhalten) und 2. die reale Möglichkeit zur Erreichung dieses Zieles sieht (vgl. Miller 1998, S. 6). Dem Ansatz der „Motivierenden Gesprächsführung" liegt entsprechend auch ein ähnliches Menschenbild wie dem von Kanfer zugrunde, demzufolge menschliches Streben im Kern auf Selbstbestimmung, Eigenverantwortung, Selbstregulation und Selbständigkeit abzielt und die Möglichkeiten dazu prinzipiell im Menschen angelegt sind (vgl. Kanfer, Reinecker und Schmelzer 2000, S. 4). Dieses Menschenbild zeigt sich wiederum in der Grundhaltung von „Motivierender Gesprächsführung" Klienten gegenüber (partnerschaftliche Beziehung, Autonomie des Klienten). Betrachtet man die ersten vier Phasen der Selbstmanagementtherapie findet man fast übereinstimmende Strategien und Annahmen wie in der „Motivierenden Gesprächsführung".

Bemerkenswert in diesem Zusammenhang ist die Tatsache, dass störungs-spezifische Methoden erst ab Phase fünf zum Einsatz kommen, auf die Miller und Rollnick verzichten. Trotzdem sind die ersten vier Phasen der Selbstma-nagementtherapie nicht einfach mit „Motivierender Gesprächsführung" gleich zu setzen, da es sich einmal um vorbereitende Phasen auf Behandlung han-delt und „Motivierende Gesprächsführung" die weitere Entwicklung in alle Richtungen offen lässt.

1.7 Transtheoretisches Modell der intentionalen Verhaltensänderung

Das Transtheoretische Modell zur intentionalen Verhaltensänderung, kurz: TTM, wurde maßgeblich von Prochaska und DiClemente entwickelt. „Trans-theoretisch" bestimmt sich aus dem Versuch, Konstrukte, die aus verschie-denen Theorien stammen und jeweils Teile von Verhaltensänderungsprozes-sen beschreiben, in einem Modell zu integrieren (vgl. Keller, Velicer und Pro-chaska 1999, S. 25). Das TTM erfasst deskriptiv die Motivation zu einer Ein-stellungs- und Verhaltensänderung im Hinblick auf ein konkret definiertes Problemverhalten. Das darauf abgestimmte Interventionsmodell integriert wirksame Komponenten unterschiedlicher Psychotherapieschulen. Das Mo-dell umfasst vier Dimensionen der Verhaltensänderung: Stadien, Prozesse, Merkmale und Kontext. Unabhängig davon, ob die Verhaltensänderung allein oder mit professioneller Hilfe erreicht wird spielen diese Dimensionen eine wichtige Rolle. Im deutschsprachigen Raum wurde das TTM von Keller, Veli-cer und Prochaska (vgl. 1999, S. 17 f.) eingeführt.

Im Folgenden werden die vier Dimensionen kurz dargestellt:

→ Stadien der Veränderung: Im Stadium der *Absichtslosigkeit* gibt es noch keine kognitive Auseinandersetzung mit dem Problemverhalten. Im Sta-dium der *Absichtsbildung* findet eine Auseinandersetzung statt, die je-doch noch nicht zur konkreten Verhaltensänderung führt, da hohe Ambi-valenz besteht. Im Stadium der *Vorbereitung* wird eine konkrete Absicht zur Veränderung des inzwischen als problematisch erkannten Verhaltens gebildet; konkrete Handlungsvorsätze und Pläne zur Realisierung des Zieles werden gefasst. Im *Handlung*sstadium werden die Vorsätze aktiv umgesetzt. Im Stadium *Aufrechterhaltung* steht die Stabilisierung der

Verhaltensänderung und das Vermeiden von Rückfällen im Mittelpunkt. Im Stadium der *Stabilisierung* besteht eine hohe Selbstwirksamkeit das veränderte Verhalten weiterhin aufrechtzuerhalten und eine sehr geringe Versuchung zum alten Verhalten zurückzukehren. *Rückfälle* sind ein ausgesprochen häufiges Phänomen des Veränderungsprozesses. Das lineare Durchlaufen der Stadien von der Absichtslosigkeit bis zur Aufrechterhaltung ist eher die Ausnahme als die Regel, meist werden die Stadien mehrmals durchlaufen. Rückfälle auf ein früheres Niveau sind in jedem Stadium möglich. Diesem entspricht die Annahme eines spiralförmigen Stadienverlaufs (siehe Abb. 2). Ein Rückfall muss nicht bedeuten, wieder bei Null zu beginnen – es ist möglich aus den Fehlern zu lernen und es beim nächsten Mal besser zu machen (vgl. Freyer 2006, S. 27 f.)

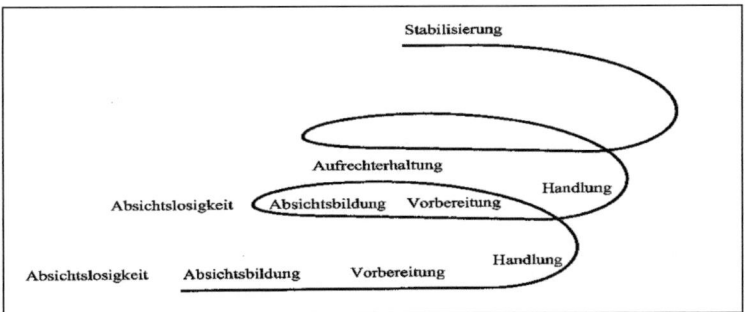

Abb. 2: Spiralförmiger Verlauf des Veränderungsprozesses nach dem TTM (Freyer 2006, S. 29)

→ Prozesse der Verhaltensänderung: Die Stadien der Verhaltensänderung stellen die zeitliche Dimension des TTM dar. Die Prozesse oder auch Bewältigungsstrategien sind es, die das Voranschreiten von einem zum nächsten Stadium bewirken. Zehn Prozesse wurden aus einer vergleichenden Analyse führender Therapiesysteme abgeleitet. Unterschieden werden fünf *kognitiv-affektive* (Steigern des Problembewusstsein, emotionales Erleben, Neubewertung der persönlichen Umwelt, Selbstneubewertung, Wahrnehmen förderlicher Umweltbedingungen) und fünf *verhaltensorientierte Veränderungsprozesse* (Selbstverpflichtung, Kontrolle der Umwelt, Gegenkonditionierung, Nutzen hilfreicher Beziehungen, Selbstverstärkung). In den frühen Stadien der Verhaltensänderung (Absichtslo-

21

sigkeit, Absichtsbildung) stehen die kognitiv-affektiven Prozesse im Vordergrund, in den späteren Stadien (Vorbereitung, Handlung, Aufrechterhaltung) sind die verhaltensorientierten Prozesse bedeutsamer. Der praktische Nutzen aus der Zuordnung einzelner Prozesse zu bestimmten Stadien besteht in der Möglichkeit, verbindliche Aussagen darüber zu treffen, wann Personen (in welchem Stadium), was (Strategien) tun können, um ihr Verhaltensziel zu erreichen bzw. welche Interventionen wann sinnvoll sind (vgl. Keller, Velicer und Prochaska 1999, S. 25ff.).

→ Merkmale der Verhaltensänderung sind die Selbstwirksamkeit und Entscheidungsbalance im Sinne einer vereinfachten Version des Entscheidungsmodells[13] von Janis und Mann. Selbstwirksamkeit umschreibt das Ausmaß an Zuversicht, ein bestimmtes Verhalten ausüben zu können und ist ein wichtiges Kennzeichen für Handlung und andauernden Erfolg. Die Entscheidungsbalance beschreibt das Resultat einer Kosten-Nutzen-Relation der Verhaltensänderung. Sie gilt als wichtiger Faktor für das Voranschreiten von einem frühen Stadium zum nächsten (vgl. Freyer 2006, S. 34).

→ Der Kontext des gesamten Veränderungsprozesses beinhaltet verschiedene Umstände, die in ihrer Kombination und Interaktion eine Verhaltensänderung erleichtern oder erschweren, z. B. die aktuelle Lebenssituation, Überzeugungen und Einstellungen, interpersonelle Beziehungen, soziale Systeme bzw. Netzwerke und stabile Persönlichkeitseigenschaften (vgl. Freyer 2006, S. 34).

Das TTM wird meist im Zusammenhang mit „Motivierender Gesprächsführung" genannt als praktische Methode zur Umsetzung des Modells vorwiegend in den ersten drei Stadien. „Motivierende Gesprächsführung" sieht ebenso wie das TTM die intentionale Verhaltensänderung als einen dynamischen Prozess an. Beide Ansätze fordern keine Änderungsmotivation als Vo-

---

[13] Janis und Mann postulieren vier Kategorien von Vor- bzw. Nachteilen, die von Bedeutung für Entscheidungsprozesse sind (Nutzen/Schaden für die Person selbst oder für andere; Anerkennung/Ablehnung durch die Person selbst oder für andere). Im vorliegenden TTM wird die einfachere Variante der Unterscheidung von wahrgenommenen Vor- und Nachteilen einer Verhaltensänderung gewählt (vgl. Keller, Velicer und Prochaska 1999, S. 29 f.).

raussetzung und keine sofortige Änderung, sondern passen sich der individuellen Änderungsbereitschaft des Klienten an. Wesentliche Erkenntnisse über Veränderungsprozesse stimmen überein (z. B. Betonung von Selbstwirksamkeit, Entscheidungsbalance, Kontext). Um „Motivierende Gesprächsführung" zu praktizieren, braucht es nicht dringend die genaue Zuordnung in die Stadien des TTM, da „Motivierende Gesprächsführung" selbst als Phasenkonzept in bestimmten aufeinander folgenden Schritten konzipiert ist. Das Verdienst des TTM ist hier, dass einem Veränderungsprozessmodell von problematischen Verhalten motivationale Phasen zugeordnet wurden und dargestellt wurde, dass ein Voranschreiten in den Stadien mit gezielten Interventionen möglich ist. Auch ist es praktisches Erklärungsmodell für Klienten hilfreich, um z. B. die Normalität von verschiedenen Stadien der Verhaltensänderung zu vermitteln und (Selbst-)Etikettierungsprozesse zu vermeiden.

1.8   Klientenzentrierte Therapie[14]

Der aus der Humanistischen Psychologie kommende Ansatz wurde von Carl Rogers entwickelt. Das Hauptziel der klientenzentrierten Therapie ist die Förderung des gesunden psychischen Wachstums des Individuums. Klientenzentrierte Therapie lässt sich eher „...charakterisieren als Einstellung, Haltung, eine Seinsweise, nicht als eine Technik ..." (Rogers 1991, S. 135). Der Schwerpunkt des Ansatzes liegt zum größten Teil auf dem Prozess der therapeutischen Beziehung und weniger auf den Symptomen oder ihrer Behandlung (vgl. Rogers 1991, S. 17).

→ Menschenbild/Grundannahmen: Der Ansatz geht von der Annahme aus, „... daß der einzelne die hinlängliche Fähigkeit hat, konstruktiv mit all jenen Aspekten seines Lebens fertig zu werden, die potentiell dem Bewußtsein gegenwärtig werden können" (Rogers 1992, S. 37). Nach Rogers verfügt der Organismus über die angeborene Neigung, alle seine Fähigkeiten so zu entwickeln, dass sie ihn erhalten oder fördern (*Aktualisierungstendenz*). Reife, gut angepasste Menschen urteilen auf der

---

[14] Rogers nannte seinen Ansatz zunächst nicht-direktiv, später klientenzentriert, womit die Verlagerung des zentralen Interesses von der Beratertechnik zur Beratereinstellung verdeutlicht werden sollte (vgl. Rogers 1992, S. 30).

Grundlage ihrer eigenen Bewertungen dessen, was intrinsisch befriedigend ist und der Selbstverwirklichung dient. Dieses gesunde Wachstum wird durch fehlerhafte Lernmuster behindert, welche die Person veranlassen, anstelle der Bewertungen, die die eigene Psyche und der eigene Körper liefern, Bewertungen von anderen zu übernehmen. Ein Konflikt zwischen dem eigenen natürlichen positiven Selbstbild (*Selbstkonzept*) und negativen Kritiken von außen führt zu Angst und Unglücklichsein. Dieser Konflikt oder diese *Inkongruenz* kann sich außerhalb der bewussten Aufmerksamkeit abspielen, so dass eine Person Gefühle des Unglücklichseins und eines geringen Selbstwertes erlebt, ohne den Grund zu kennen (vgl. Zimbardo 1992, S. 556).

→ Grundbedingungen für Veränderung: Eine hilfreiche therapeutische Umgebung ermöglicht es dem Klienten, sich selbst neu zu beurteilen und Verhaltensalternativen zu finden, um die eigene Entwicklung zu fördern. Wenn der Berater/Therapeut drei Grundbedingungen in seiner Beziehung zum Klienten herstellen kann, so dass sie phänomenologisch bedeutsam für den Klienten sind, dann kommt es zu einer therapeutischen Veränderung. Diese Bedingungen sind *einfühlsames Verstehen (Empathie), unbedingte positive Wertschätzung* und *Echtheit bzw. Kongruenz*. Alle drei Bedingungen können nicht losgelöst voneinander betrachtet werden, sie ergeben nur im Zusammenspiel mit o. g. Grundhaltung den Entwicklung fördernden Effekt. In einer Atmosphäre der *uneingeschränkten positiven Wertschätzung* können die Gefühle des Klienten anerkannt, angenommen und geklärt werden. Der Klient wird angenommen und respektiert, wie er ist und zu keinem Zeitpunkt bewertet. Der emotionale Stil und die Einstellung des Therapeuten ermöglichen dem Klienten, sich neu mit seinen persönlichen Konflikten und Erfahrungen auseinanderzusetzen und die errichtete - nun nicht mehr benötigte - Abwehr abzubauen. In der Beziehung zum Klienten ist der Berater/Therapeut er selbst, das heißt, er ist sich dessen, was er erlebt oder empfindet bewusst und kann es auch angemessen mitteilen. Zusätzlich zu dieser *Echtheit* versucht der Berater/Therapeut die Erlebnisse und Gefühle des Klienten und deren Bedeutung sensibel zu erfassen. Umfassende vom Klienten erlebte *Empathie* des Beraters/Therapeuten als tiefgreifendes und umfassendes Verstandensein und Akzeptanz ist ein bestärkendes Erlebnis für den Klienten. Das, was der Berater/Therapeut von der Welt des Klienten verstanden hat, spiegelt er ihm. Die klientenzentrierte Therapie bemüht sich um ein nicht-direktives Vorgehen, bei dem der Berater/Therapeut das Streben des Klienten nach Selbsterkenntnis und Selbstverwirklichung lediglich unterstützt, aber nicht lenkt (vgl. Zimbardo 1992, S. 557). Klientenzentriert heißt letztlich, dass das Zentrum des therapeutischen Prozesses im Klienten selbst liegt, welcher Tempo und Richtung bestimmt (vgl. Rogers 1991, S. 59).

In der „Motivierenden Gesprächsführung" gehen Miller und Rollnick ebenso wie Rogers davon aus, „..., dass eine klientenzentrierte Beziehung, in welcher der Therapeut bestimmte Merkmale aufweist, die beste Voraussetzung für die Entwicklung einer veränderungsförderlichen Atmosphäre darstellt" (Miller und Rollnick 1999, S. 21). Als das erste der Interventionsprinzipien und als „das Fundament, auf dem die motivierende Gesprächsführung aufbaut" gilt das Prinzip der Empathie und die ihr zugrunde liegende Einstellung der Akzeptanz als grundlegendes und definierendes Merkmal des Ansatzes (Miller und Rollnick 2004, S. 58). Echtheit/Kongruenz als die dritte - von Rogers als die grundlegendste - der Therapeuteneinstellungen (in nicht zu trennender Verbindung mit Empathie und Akzeptanz) benannte Bedingung wird im Konzept der „Motivierenden Gesprächsführung" nicht vordergründig benannt, wird aber in den ethischen Leitlinien (siehe Punkt 2.2.5 in dieser Arbeit) implizit berücksichtigt.

Den Grundsatz des nicht-direktiven Vorgehens geben Miller und Rollnick weitgehend auf, da es aus ihrer Sicht bei gesundheitsschädigendem Verhalten eine Zielrichtung gibt, in die Veränderung führen sollte - eben die Aufgabe oder Reduktion des schädigenden Verhaltens. Bewusste Verstärkung von Änderungssequenzen („change talk"[15]) und der Einsatz bestimmter Fragen

---

[15] In der deutschen Ausgabe von Miller und Rollnick wurde der Begriff als Fachbegriff in englischer Sprache belassen. „Change talk" sind die änderungsbezogenen Äußerungen von Klienten, die ihre Fähigkeit, ihre Bereitschaft, ihre Gründe, ihre Wünsche und ihre Selbstverpflichtung zum Ausdruck bringen (vgl. Miller und Rollnick 2004, S. 25).

werden direktiv zur Exploration und Auflösung der Ambivalenz in Richtung Veränderung eingesetzt (vgl. Miller und Rollnick 2004, S. 125). Letztlich entscheidet zwar der Klient über Ziel und tatsächliche Verhaltensänderung, durch die Verstärkung dem Ziel entsprechender Aussagen aber wird in diesem Punkt der klientenzentrierte Ansatz nach Rogers verlassen. Miller und Rollnick gehen ebenfalls von einem grundsätzlichen Veränderungspotential eines jeden Menschen aus, sehen die Richtung dieser Veränderung nicht so optimistisch wie Rogers, der von einem grundlegenden Potential einer positiven Veränderung ausgeht. Miller und Rollnick räumen auch die Möglichkeit des nicht-direktiven Vorgehens in der „Motivierenden Gesprächsführung" ein bei Situationen, in denen es nicht um eine spezielle Verhaltensänderung geht und das Ziel und Entscheidungen auf dem Weg dorthin mit Ambivalenzphänomenen einhergehen (vgl. Miller und Rollnick 2004, S. 131).

Die Zusammenführung von „klientenzentriert" und „direktiv" in der Definition der „Motivierenden Gesprächsführung" (vgl. ebd., S. 47) und das ausdrückliche Beziehen auf die klientenzentrierte Therapie bleibt missverständlich, da aus Rogers Sicht Klientenzentrierung und direktives Führen nicht vereinbar sind und dem Gesamtansatz widersprechen.

Miller und Rollnick betonen, dass sie „klientenzentriert" vorwiegend in Verbindung sehen mit der von Rogers postulierten Grundhaltung der Empathie und Akzeptanz (vgl. ebd., S. 47).

1.9   Zusammenfassung der Grundannahmen und -haltung

Miller und Rollnick „... definieren motivierende Gesprächsführung als eine klientenzentrierte, direktive Methode zur Verbesserung der intrinsischen Motivation für eine Veränderung mittels der Erforschung und Auflösung von Ambivalenz" (Miller und Rollnick 2004, S. 47). Sie koppeln für ihr Konzept der „Motivierenden Gesprächsführung" motivations- und sozialpsychologische und lerntheoretische Erkenntnisse mit der Grundhaltung der humanistischen Psychologie und verbinden sie mit darauf zugeschnittenen Methoden zu einem Interventionsmodell. Störungskonzepte spielen vordergründig keine Rolle. Insgesamt kann die „Motivierende Gesprächsführung" in die modernen ebenfalls motivations- und sozialpsychologische Erkenntnisse integrierenden verhaltenstherapeutischen Ansätze eingeordnet werden. Grundhaltung und Grundannahmen der „Motivierenden Gesprächsführung" sind zusammen genommen das, was Miller und Rollnick als „spirit" bezeichnen; sie sind nicht von den Methoden zu trennen und gelten als Schwerpunkte der „Motivierenden Gesprächsführung".

1.9.1 Grundannahmen

Die Grundannahmen der „Motivierenden Gesprächsführung" finden sich im Spannungsfeld des Verständnisses von *Motivation, Ambivalenz, Veränderung und Widerstand*. Miller und Rollnick gehen von einem grundlegenden Motivationsproblem bei Menschen mit Suchtverhalten bzw. bei sonstigem gesundheitsgefährdendem Verhalten aus. Ein Motivationsmodell des Ein- und Ausstiegs aus Suchtverhalten erachten sie unter Einbeziehung der bio-psycho-sozialen individuellen Gegebenheiten nützlicher als das Krankheitsmodell.

Miller und Rollnick (1999) begreifen „Motivation als Wahrscheinlichkeit, mit der eine Person eine spezifische Veränderungsstrategie ergreift und daran festhält" (S. 35). Intrinsische *Motivation* braucht die Absicht (Ziel und wahrgenommene Wichtigkeit), die Fähigkeit (sich Wege vorstellen zu können und sie sich selbst zutrauen) und die Bereitschaft (Priorität gegenüber anderen Vorhaben) für Veränderung (ebd., S. 27 ff). Die Annahme, dass Motivation keine Charaktereigenschaft ist, sondern ein interaktioneller Prozess, verschiebt den Fokus vom „motiviert-sein" des Klienten als Zugangsvoraussetzung zur Hilfe hin zum „motivieren", also dem Fördern von Motivation als Aufgabe und Ziel des Beraters/Therapeuten, was in einer respektvollen, akzeptierenden, befähigenden und die Autonomie des Klienten wahrenden Atmosphäre eher gelingt als mit bewertender Konfrontation. Dem viel beschriebenen Problem der fehlenden Motivation begegnen sie mit der Annahme, dass Menschen mit Suchtverhalten nicht unmotiviert, sondern ambivalent sind. Hier ergeben sich weitgehend Übereinstimmungen mit dem Transtheoretischen Modell der intentionalen Verhaltensänderung und der Selbstregulationstheorie.

Ambivalenz wiederum ist als normaler Teil menschlicher Erfahrung zu verstehen und kein Ausdruck von Pathologie, eher Ausdruck eines Annähe-
rungs-Vermeidungskonfliktes. Es gibt jeweils gute Gründe für und gegen eine Veränderung. In der Ambivalenz ist gleichsam das Veränderungspotential
mit der Pro-Veränderungsseite jedes Menschen inbegriffen. Wenn diese Seite mehr Gewicht gewinnt als der Status quo ist eine Veränderung die häufige
Folge. Um Ambivalenz aufzulösen, wird zunächst die Wahrnehmung der Diskrepanz zwischen gegenwärtigem Verhalten und persönlich wichtigen Werten und Zielen angestoßen und verstärkt. Dieses muss dringend mit der Förderung von Selbstwirksamkeit einhergehen, um nicht gegenteilige Wirkungen
zu erzielen, die sich u. a. in Widerstandsphänomenen äußern. Für diese
Aussagen beziehen Miller und Rollnick Erkenntnisse aus den Theorien zur
kognitiven Dissonanz, zur Selbstwirksamkeit, zur Selbstwahrnehmung, Reaktanz und Selbstregulation.

Veränderung ist aus Millers und Rollnicks Sicht ein natürlicher Prozess, welcher sich modellhaft in verschiedenen Stadien beschreiben lässt, z. B. mit
dem TTM nach Prochaska und DiClemente. Diese Stadien unterscheiden
sich durch eine unterschiedliche Motivationslage; das Fortschreiten in Richtung Veränderung lässt sich durch stadienangepasste Interventionen fördern.
Das mehrmalige Durchlaufen der Abfolge stellt kein moralisches oder persönliches Versagen dar, sondern ist normal und eher die Regel als die Ausnahme (vgl. Miller und Rollnick 1999, S. 31 ff.). Außer auf das Stadienmodell
des TTM stützen sich diese Annahmen vorwiegend auf die Theorien der
Selbstregulation und der klientenzentrierten Therapie.

Widerstand bezeichnet vordergründig wertfrei die einer Veränderung hinder-
liche Seite der Ambivalenz, ist somit Teil der Motivation. Widerstandsverhalten (Argumentieren, Unterbrechen, Negieren und Ignorieren) gegen die Bereitschaft zur Veränderung sehen Miller und Rollnick vorwiegend als interak-
tionelles Phänomen. Widerstandsverhalten tritt folglich eher in der Kommuni-
kation mit anderen auf und ist kein Persönlichkeitsmerkmal des Klienten,
sondern Reaktion auf das Gegenüber. Klienten zeigen u. a. Widerstandsverhalten, wenn sie das Gefühl haben, dass ihre Entscheidungsfreiheit bedroht
ist; das wiederum minimiert die Wahrscheinlichkeit einer positiven Verhal-

tensänderung. Widerstandsverhalten in Beratung/Therapie wird als Ausdruck einer Dissonanz in der Beziehung gesehen, ist letztlich also das Problem des Beraters/Therapeuten. Offenheit für die Sichtweisen, Ziele und Handlungs-präferenzen des Klienten und eine partnerschaftliche Haltung minimieren Widerstandsverhalten. Auf die Möglichkeiten der Reduktion kognitiver Disso-nanz, die Menschen auch außerhalb von Interaktionen mit anderen nutzen, wie z. B. Herunterstufen dissonanter Kognitionen oder Aufwertung konsonan-ter Kognitionen gehen Miller und Rollnick nicht weiter ein. Vorwiegend stüt-zen sich die Annahmen zum Widerstand auf die Reaktanztheorie.

1.9.2 Grundhaltung

Miller und Rollnick legen größten Wert auf die innere Haltung, mit der man Menschen begegnet. „Motivierende Gesprächsführung" ist geprägt durch Respekt und Achtung für den Klienten und die Wahrung der Autonomie. „Mo-tivierende Gesprächsführung" soll nicht als Techniksammlung verstanden werden, sondern als eine Art und Weise mit Menschen umzugehen. Hierfür ist es wesentlich, wie ein Berater/Therapeut über den Klienten und den Ver-änderungs- und Gesprächsprozess denkt und ihn versteht. Alle Interventio-nen sind auf der Grundlage folgender Haltungen zu verstehen:

→ Partnerschaftliche Beziehung: In der „Motivierenden Gesprächsführung" wird eine partnerschaftliche, gleichberechtigte Beziehung zwischen Bera-ter/Therapeut und Klient angestrebt. Der Klient mit seinen Sichtweisen, Problemen und Kenntnissen wird angenommen und akzeptiert wie er ist. So wird eine positive zwischenmenschliche Atmosphäre geschaffen, die Veränderung fördert und nicht erzwingt. Der Berater/Therapeut sollte zu-dem seine eigenen Erwartungen (z. B. in Bezug auf gewünschte Ergeb-nisse) immer wieder überprüfen und ggf. zurückstellen (vgl. Miller und Rollnick 2004, S. 54).

→ Evokation: Wenn, wie in der „Motivierenden Gesprächsführung", davon ausgegangen wird, dass jeder Klient Veränderungspotential bzw. Verän-derungsmotivation (als eine Seite der Ambivalenz) besitzt, dann ist das „Hervorlocken" oder Hervorrufen (evozieren) dieses Potentials die ange-messene Haltung innerhalb einer partnerschaftlichen Beziehung; z. B.

belehrendes Ausgleichen von angenommenen Defiziten ist hier nicht angebracht. Durch Einbeziehen der Wahrnehmungen, Werte und Ziele des Klienten wird die vorhandene Änderungsmotivation verstärkt (vgl. Miller und Rollnick 2004, S. 54).

→ Autonomie: „Motivierende Gesprächsführung" geht grundsätzlich davon aus, dass die Verantwortung für eine Veränderung beim Klienten liegt (er trägt ja auch alle positiven wie negativen Konsequenzen). Das ist wiederum nur möglich, wenn dem Klienten die Fähigkeit zur Selbstbestimmung zugetraut und sie dann letztlich umfassend respektiert wird. Der Klient bestimmt, ob er sich verändern will, und wenn ja, welche Ziele er anstrebt und welche Wege er dazu nimmt (vgl. Körkel und Veltrup 2003, S. 118).

2 Prinzipien, Methoden und Ablauf der „Motivierenden Gesprächsführung"

Nachdem der theoretische Kontext der „Motivierenden Gesprächsführung" skizziert wurde, geht es im folgenden Kapitel um die methodische Umsetzung. Zu Beginn erleichtert eine Übersicht alle wesentlichen Komponenten im Zusammenhang zu erfassen. Die Prinzipien stellen die Kommunikationsleitlinien für den Berater/Therapeuten dar, welche über die Basis- und Spezialmethoden umgesetzt werden. Die Beschreibung der Phasen entspricht einem idealtypischen vollständigen Verlauf, welcher sich z. B. in adaptierten Modellen anders, meist verkürzt, darstellt. Ausführungen zu den möglichen Grenzen des Ansatzes schließen das Kapitel ab.

2.1 Der Ansatz im Überblick

Auf Basis der Grundhaltung und -annahmen und in der zeitlichen Abfolge der beiden Phasen werden die Interventionsprinzipien über die Methoden umgesetzt, um die angestrebten Ziele zu erreichen (siehe Abb. 3).

Grundhaltung:	**Grundannahmen:**
→ Partnerschaftlichkeit → Evokation → Akzeptanz des Klienten	Motivation als Zustand der Bereitschaft zur Veränderung zeigt sich in Ambivalenz, die unter dem Aspekt dieser Veränderung förderliche und hinderliche Motive integriert. Diese Motive zeigen sich interaktionell in Änderungs- und Widerstandssequenzen.

Phasen / Ziele:	**Interventionsprinzipien:**
1. Motivation zur Veränderung aufbauen → Entscheidung für Veränderung 2. Verstärkung der Selbstverpflichtung und Hilfe bei der konkreten Planung der Veränderung a) Ziele vereinbaren b) verschiedene Optionen erwägen c) Plan erstellen d) Selbstverpflichtung stärken → *Selbstverpflichtung zum vorliegenden Veränderungsplan*	→ Empathie ausdrücken → Diskrepanzen zwischen dem gegenwärtigen Verhalten des Klienten und seinen grundsätzlichen Zielen und Werten entwickeln; Förderung von „change talk" → Widerstand umlenken → Selbstwirksamkeit fördern
	Methoden:
	→ Aktives Zuhören → Offene Fragen → Wertschätzende, bestätigende Aussagen → Zusammenfassungen → Bilanz → Skalenfragen → Reframing / Umdeuten → Zukunft imaginieren → Brainstorming → Informationen geben

Abb. 3: Der Ansatz der „Motivierenden Gesprächsführung" im Überblick

2.2 Interventionsprinzipien

Die vier Interventionsprinzipien oder auch allgemeinen Prinzipien stellen die Verbindung zwischen der Grundhaltung, den Grundannahmen und den eingesetzten Methoden her. Ausgedrückte, vermittelte Empathie, Entwicklung von Diskrepanzen zwischen dem aktuellen Verhalten und den persönlichen Werten und Zielen des Klienten, Vermeidung bzw. konstruktiver Umgang mit Widerstandsreaktionen des Klienten und die Stärkung der Selbstwirksamkeit - diese in den folgenden Punkten näher erläuterten Prinzipien erhöhen wesentlich die Wahrscheinlichkeit von Veränderungen. Ethische Leitlinien sind ein weiteres wichtiges Vermittlungsstück zwischen Grundhaltung, -annahmen und Methoden und sollen hier als fünfter Punkt - bei Miller und Rollnick an anderer Stelle ausführlich diskutiert (vgl. Miller und Rollnick 2004, S. 215 ff.) - aufgenommen werden.

2.2.1 Empathie ausdrücken

Ohne empathische Zuwendung ist „Motivierende Gesprächsführung" nicht denkbar. Sie ist eine der Schlüsselvariablen der förderlichen Berater/Therapeut-Klient-Beziehung, welche wiederum eine der wesentlichen unabhängigen Wirkvariablen von Psychotherapie darstellt (vgl. Grawe, Donati und Bernauer 1994, S. 776 ff.). Authentische Empathie vermittelt dem Klienten ein Gefühl von Akzeptanz und wertfreiem Angenommensein. Sie beschränkt sich nicht auf die Einstellung des Beraters/Therapeuten, sondern wird durch respektvolles aktives Zuhören ausgedrückt. Damit wird dem Klienten vermittelt, dass sein Verhalten und somit auch seine Motive gegen eine Veränderung aus seiner Sicht durchaus verständlich und sinnvoll sind. Dieses Verständnis muss dabei nicht Zustimmung bedeuten. Der Berater/Therapeut kann den Klienten annehmen und respektieren, aber durchaus anderer Meinung sein und andere Werte vertreten. „Motivierende Gesprächsführung" macht sich die Erfahrung zunutze, dass Menschen sich häufig auf das Risiko einer Veränderung einlassen, wenn sie sich angenommen fühlen wie sie sind und ihnen nicht ihre Defizite vorgehalten werden (vgl. Körkel und Veltrup 2003, S. 118).

Beispiel:

Klient.: „Ich habe mich fahrtüchtig gefühlt und von den dann gemessenen über zwei Promille fast nichts gemerkt. Ich konnte schon immer viel trinken, ohne eigentlich betrunken zu sein."

Berater: „Sie vertragen viel Alkohol, ohne dass Sie besondere Schwierigkeiten damit haben" (und nicht: „Ab zwei Promille und noch in der Lage, ein Auto zu erkennen, geschweige denn zu fahren – da besteht eine eindeutige Alkoholabhängigkeit").

Klient: „Naja, als ‚keine besonderen Schwierigkeiten' kann ich den Führerscheinentzug nun ja auch nicht sehen..."

Aktives oder auch reflektierendes Zuhören stellt die methodische Umsetzung des Prinzips „Empathie ausdrücken" dar.

2.2.2 Diskrepanzen entwickeln

Motivation zur Veränderung liegt vor, wenn Menschen eine Diskrepanz zwischen dem gegenwärtigen Zustand und ihren wichtigen persönlichen Zielen und Werten wahrnehmen. Eine Entscheidung in Richtung Veränderung fällt erst, wenn die Kosten (Nachteile) des gegenwärtigen Verhaltens den Nutzen (Vorteile) übersteigen bzw. die Vorteile (Ziele, Werte) einer Veränderung aus innerer Überzeugung heraus wichtiger werden.

Im Stadium der Absichtslosigkeit im Veränderungsprozess ist es meistens notwendig, solche Diskrepanzen zunächst zu entwickeln, also ins Gespräch und damit ins Bewusstsein zu bringen. Später werden diese verstärkt, bis sie möglichst in Richtung Veränderung aufgelöst werden. Hier kommt deutlich der auch direktive Anteil der „Motivierenden Gesprächsführung" zum Ausdruck. Ausführlich werden die Sichtweisen des Klienten des Für und Wider des gegenwärtigen Verhaltens exploriert und vom Klienten gewichtet. Dadurch soll dem Klienten ermöglicht werden, von sich aus gute Gründe für eine Veränderung auszusprechen und sich nicht dazu gedrängt zu fühlen (vgl. Miller und Rollnick 2004, S. 60).

Diese selbst vom Klienten formulierten Änderungsäußerungen („change talk") treten in vier Varianten auf:

→ Der Klient spricht über die *Nachteile des Status Quo*, z. B.: „Ich mache mir Gedanken, ob ich meine Arbeit behalten kann, wenn ich so weiter trinke wie bisher". Hierin drückt sich Erkenntnis, Problembewusstsein und Besorgnis aus.

→ Der Klient spricht über die *Vorteile einer Veränderung*, z. B.: „Ich könnte meine Familie wieder besuchen, das möchte ich so gern". Hier wird ein sehr persönlicher Wert, ein wichtiges Motiv in Richtung Veränderung ausgesprochen.

→ Der Klient drückt *Zuversicht* in Bezug auf eine Verhaltensänderung aus, z. B.: „Ich kann das schaffen".

→ Der Klient begründet einen *Änderungsvorsatz*, z. B.: „Ich denke, jetzt ist es an der Zeit, das Geld für Wichtigeres auszugeben als für das Spielen" (vgl. Miller und Rollnick 2004, S. 114 ff.)

Änderungssequenzen bzw. „change talk" spiegeln die Bewegung des Klienten in Richtung Veränderung, während Widerstandsverhalten ein Entfernen von der Veränderung anzeigt (vgl. Miller und Rollnick 2004, S. 72).

Das Erkennen sowohl von Änderungs- als auch von Widerstandssequenzen und das spezifische Reagieren darauf sind erforderliche wesentliche Fähigkeiten von Beratern/Therapeuten in der „Motivierenden Gesprächsführung". Zur praktischen Umsetzung im Gespräch werden verschiedene Varianten offener Fragen und spezielle Methoden eingesetzt (vgl. ebd., S. 140 ff.).

2.2.3 Widerstand umlenken

Widerstand und Widerstandsverhalten wird häufig allein mit dem Begriff Widerstand beschrieben. In diesem Punkt soll der Begriff Widerstandsverhalten einen Unterschied verdeutlichen, auch wenn Miller und Rollnick (vgl. 2004, S. 139 f.) vorwiegend von „Widerstand" sprechen. Widerstandsverhalten ist hier gemeint als beobachtbares Klientenverhalten in Form von sprachlichen Widerstandssequenzen, also dem Argumentieren des Klienten gegen Veränderung. Widerstand ist wie oben ausgeführt wertfrei als Teil der Ambivalenz zu verstehen. Miller und Rollnick unterscheidet vier Kategorien von Widerstandsverhalten:

→ *Argumentieren:* Der Klient stellt die Kompetenz des Beraters/Therapeuten in Frage; z. B.: „Sie waren doch höchstens mal betrunken. Was wissen Sie denn schon über ‚Teile'?"

→ *Unterbrechen:* Der Klient schneidet dem Berater/Therapeuten das Wort ab; z. B.: „Ach hören Sie doch auf, das weiß ich doch selbst."

→ *Negieren:* Der Klient macht andere für sein Verhalten verantwortlich, leugnet oder bagatellisiert eigene Probleme, zeigt Unwilligkeit irgendetwas zu verändern und/oder zeigt eine pessimistische, negativistische Haltung; z. B.: Ich habe nun wirklich kein Problem, ich bin nur das eine Mal unter Alkohol Auto gefahren und da ging das auch nicht anders. Und nun bin ich wegen der blöden Kontrolle nicht nur meinen Führerschein, sondern auch noch meinen Job los..."

→ *Ignorieren:* Der Klient zeigt, dass er nicht zuhört, antwortet nicht oder wechselt das Thema weg vom ursprünglichen Gesprächsverlauf; z. B.: „Immer nur Alkohol, Alkohol, fragen Sie mich doch mal was anderes, nach meinem Hobby oder so" (vgl. Miller und Rollnick 2004, S. 73 f.).

Sprachliche Widerstandssequenzen bedeuten eine Bewegung weg von einer möglichen Veränderung. Im Gesprächsablauf markieren sie für den Berater/Therapeuten Stoppzeichen und ein Reflektieren der vorhergehenden Interventionen. Ein häufiger Grund für (verstärktes) Widerstandsverhalten sind unangepasste Verhaltensweisen, wie z. B.: Überreden wollen, Experten herauskehren, kritisieren, beschämen, beschuldigen, etikettieren oder keine Zeit haben. Es erfordert eine hohe Kompetenz, das eigene Vorgehen zu überdenken und das Gespräch wieder in Richtung Änderungssequenzen zu führen, den Widerstand also umzulenken und nicht weiter gegen zu halten (vgl. ebd., S. 77). Umsetzbar wird dies mit folgenden Methoden:

→ Varianten des aktiven Zuhörens (einfaches Widerspiegeln, überzogenes Widerspiegeln, Widerspiegeln der Ambivalenz)

→ Verschieben des Fokus

→ Umdeuten

→ Zustimmung mit einer Wendung

→ Herausstellen der persönlichen Wahlfreiheit

→ Konform gehen mit der Position des Klienten (vgl. ebd., S. 141 ff.).

2.2.4 Selbstwirksamkeit fördern

Ohne Selbstwirksamkeit bzw. Zuversicht ist eine Veränderung wenig wahrscheinlich. Im Zusammenhang mit o. g. Interventionsprinzipien ist auf eine ausreichende Selbstwirksamkeit zu achten und sie gegebenenfalls zu fördern. Selbstwirksamkeit zeigt sich in zuversichtlichen Aussagen („confidence talk"[16]), welche schon innerhalb von Änderungssequenzen („change talk") beschrieben wurden. Wesentlich in der Berater/Therapeut-Klientenbeziehung ist die Haltung des Beraters/Therapeuten selbst dem Klienten eine Änderung zuzutrauen. Mit Blick auf den Pygmalioneffekt[17] können auch die Einstellungen und Erwartungen des Beraters/Therapeuten einen starken Effekt auf das Ergebnis haben.

Einschränkend sollte besonders dieses Interventionsprinzip der Förderung der Selbstwirksamkeit nicht unreflektiert verallgemeinert werden, da besonders im Bereich der Suchthilfe bei Klienten mit einer fortgeschrittenen Abhängigkeitsentwicklung häufig eine Überschätzung der eigenen Selbstwirksamkeit vorliegt (vgl. Demmel 2001, S. 86). Hieran wird auch deutlich, dass eine für den Klienten möglichst optimale Umsetzung „Motivierender Gesprächsführung" kein „checklistenartiges" Abarbeiten der Interventionsprinzipien und Anwendung der beschriebenen Methoden sein kann.

2.2.5 Ethische Leitlinien

Allein die Möglichkeit, dass der Wille, die Zuversicht und die Bereitschaft eines Menschen in einer gewissen Weise zu handeln durch „Motivierende Gesprächsführung" beeinflusst werden kann, begründet die Notwendigkeit über den Schutz der Klienten vor Manipulation nachzudenken und Vorsichtsmaßnahmen zu ergreifen. Miller und Rollnick gehen davon aus, dass der Schlüsselprozess „Motivierender Gesprächsführung" - die Entwicklung einer internen Diskrepanz - wichtigster Punkt für die Wirksamkeit der Methode und der Förderung einer intrinsischen Motivation ist. Wenn es also um die individuellen persönlichen Werte und Ziele des Klienten geht und nicht um die Werte anderer Personen (den Berater/Therapeuten eingeschlossen), können diese

---

[16] „confidence talk" bleibt ebenfalls in englischer Sprache und bedeutet hier mehr als Zuversicht, eher ein grundsätzliches Gefühl von (Selbst-)Vertrauen oder Selbstwirksamkeit (vgl. Miller und Rollnick 2004, S. 155).
[17] Als Pygmalion-Effekt (nach der mythologischen Figur Pygmalion) oder auch Rosenthal-Effekt (nach dem Psychologen Robert Rosenthal) wird in der Psychologie ein Versuchsleiter-Erwartungseffekt genannt, nachdem sich die Erwartungen, Einstellungen sowie Vorurteile eines Versuchsleiters (Lehrers, Therapeuten etc.) auf die Leistungen der Versuchsperson (Schüler, Klienten etc.) in der erwarteten Weise auswirken (vgl. z. B. Legewie und Ehlers 1999, S. 11).

nicht manipuliert werden, die Übereinstimmung mit intrinsischen Werten stellt eine Schutzfunktion dar. Die Methode an sich birgt demnach wenig Risiken, wichtig sind ethische Überlegungen vor allem in bestimmten Klient - Berater/Therapeut - Situationen. Die von Miller und Rollnick aufgestellten Leitlinien werden im Folgenden ohne weiteren Kommentar aufgezeigt:

→ Bei ethischen Bedenken oder wahrgenommener Dissonanz in der therapeutischen Beziehung sind die Intentionen des Klienten und die eigenen (des Beraters/Therapeuten) zu klären (Störungen haben Vorrang).

→ Bei entgegengesetzter Meinung von Klient und Berater/Therapeut zu dem, was zum Wohl des Klienten dient, sind Besorgnisse und Vorstellungen für den Klienten transparent zu machen.

→ Der Einsatz von „Motivierender Gesprächsführung" ist unzulässig, wenn ein persönlicher Vorteil des Beraters/Therapeuten von einem bestimmten Ergebnis der Beratung/Therapie abhängt und dieser nicht mit dem höchsten Wohl des Klienten übereinstimmt.

→ Bei der Möglichkeit des Beraters/Therapeuten Zwangsmaßnahmen (z. B. in der Bewährungshilfe) einzusetzen, um das Verhalten des Klienten zu beeinflussen, ist äußerste Vorsicht und gründliche Klärung des Beraters/Therapeuten notwendig. Wenn die Möglichkeit zu Zwangsmaßnahmen mit persönlichem Vorteil für den Berater/Therapeuten verbunden ist, ist „Motivierende Gesprächsführung" unzulässig (vgl. Miller und Rollnick 2004, S. 223 ff).

2.3 Basismethoden

Die vier Basismethoden: aktives Zuhören, offene Fragen stellen, bestätigende Aussagen machen und Zusammenfassen sind neben der Haltung unerlässliche Berater-/Therapeutenkompetenzen in der „Motivierenden Gesprächsführung".

2.3.1 Aktives Zuhören

Aktives Zuhören oder auch reflektierendes Zuhören ist der „praktische" für den Klienten wahrnehmbare Aspekt der empathischen Haltung des Beraters/Therapeuten. Aktives Zuhören bedeutet fortgesetztes aufmerksames Wahrnehmen der verbalen und nonverbalen Äußerungen und Reaktionen des Klienten und Rückmeldung des Verstandenen in möglichst vertiefter Form. Die jeweilige Reaktion des Klienten bringt zum Ausdruck, ob der Berater/Therapeut wirklich verstanden hat und ebenso, ob der Klient sich verstanden fühlt. Missverständnisse können so unverzüglich geklärt werden. Auf Ratschläge, Ablehnungen, Vorschläge und Belehrungen - kurz auf eigene Meinungen und Bewertungen des Beraters/Therapeuten - wird verzichtet.

Verschiedene Möglichkeiten reflektierender Aussagen sind:

→ Einfache Reflexion (Wiederholung)

→ Neuphrasieren (Wiedergabe des Gesprochenen mit eigenen Worten)

→ Paraphrasieren (das Gesprochene wird in einen anderen Zusammenhang gestellt oder Anbieten von Hypothesen über die Bedeutung des Gesagten)

→ Reflexion der Gefühlslage (Verbalisieren emotionaler Aspekte des Gesagten).

Wesentlich in der „Motivierenden Gesprächsführung" im Unterschied zum aktiven Zuhören nach Rogers ist die bewusst selektive Reflexion und damit Verstärkung änderungs- und zuversichtsbezogener Aussagen. Damit hört der Klient nicht nur seine eigenen Änderungssequenzen noch einmal, sondern findet sie durch die Reflexion vom Berater/Therapeuten wahrgenommen. So bestehen größere Chancen, dass diese Änderungssequenzen vom Klienten noch weiter ausgebaut werden (vgl. Brueck und Mann 2007, S. 12 f.). So dargestellt ist die Anwendung aktiven Zuhörens als wichtige Methode im „geschmeidigen" Umgang mit Widerstand logische Folge. Mit reflektierenden Aussagen kann Widerstandsverhalten „ins Leere laufen", da sich der Klient beim nächsten „Anlauf" im Prinzip selbst widersprechen müsste.

2.3.2 Offene Fragen

Offene Fragen sollen Klienten ermutigen von sich zu berichten. Offene oder auch „W-Fragen" (z. B. wie, weshalb, wieso, wie genau, in welcher Weise, inwieweit, etc.) sind besonders in der Anfangsphase sinnvoll und wichtig, zum einen um eine Atmosphäre von Vertrauen und Akzeptanz entstehen zu lassen und zum anderen, um den Klienten kennen- und verstehen zu lernen. Offene Fragen eröffnen in der „Motivierenden Gesprächsführung" meist ein Thema, welches dann mit aktivem Zuhören und anderen Methoden weitergeführt wird. Klienten wird so eine intensive Auseinandersetzung mit ihrer Problematik ermöglicht (vgl. Körkel und Veltrup 2003, S. 119).

Offene Fragen zu stellen und aktives Zuhören sind die übergeordneten Standardmethoden in der „Motivierenden Gesprächsführung". Sämtliche Interventionen zur Förderung von änderungsbezogenen Äußerungen und zur Förderung von Aussagen zur Änderungszuversicht sowie die Schlüsselfragen beim Übergang von der ersten zur zweiten Phase der „Motivierenden Gesprächsführung" basieren im Zusammenspiel mit speziellen Methoden und Inhalten auf offenen Fragen:

→ Förderung von änderungsbezogenen Aussagen („change talk"): evokative Fragen in Richtung Nachteile des Status quo, Vorteile einer Änderung, Selbstwirksamkeit, Änderungsplan; Wichtigkeitsrating, 4-Felder-Entscheidungsmatrix; Erkunden von Veränderungsmotiven; Erfragen von Extrementwicklungen; Rückschau auf Zeiten ohne Problem; Imaginieren von Zukunft nach einer Änderung; Erfragen von Lebenszielen und Diskrepanzen zum gegenwärtigen Verhalten.

→ Förderung von Selbstwirksamkeit - zuversichtlichen Aussagen („confidence talk"): evokative Fragen zur angenommenen Zuversicht, Zuversichtsrating, Rückblick auf vergangene Erfolge, Fragen nach persönlichen Stärken und Unterstützungsmöglichkeiten im sozialen Umfeld, Brainstorming, Informationen, Umdeuten, hypothetische Änderungen (vgl. Körkel und Veltrup 2003, S. 120).

Offene Fragen haben die erwünschte Wirkung, dass in der „Motivierenden Gesprächsführung" die Klienten mehr reden als die Berater/Therapeuten.

Geschlossene Fragen (Beantwortung lediglich mit „ja" oder „nein" bzw. durch wenige Worte möglich) sollten weitgehend vermieden bzw. nur bei notwendig zu erhebenden Daten gestellt werden.

2.3.3 Bestätigung

Bestätigende Aussagen über die Stärken und Bemühungen des Klienten in Form von Anerkennung, Komplimenten und Verständnis sind ebenso wie aktives Zuhören und das Stellen von offenen Fragen Ausdruck einer empathischen Haltung. Sie können wesentlich zu einer guten Berater/Therapeut-Klient-Beziehung beitragen und die Selbstwirksamkeit des Klienten stärken (vgl. Miller und Rollnick 2004, S. 109 f.).

Bestätigende Aussagen / Komplimente sind z. B. auch in der lösungsorientierten Beratung/Therapie eine grundlegende Methode, um Ressourcen zu aktivieren, die zu höherer Veränderungsmotivation führen (vgl. z. B. Bamberger 2001, S. 110).

2.3.4 Zusammenfassen

Zusammenfassende Reflexionen können auch als Teil aktiven Zuhörens bezeichnet werden. Die besondere Bedeutung für die „Motivierende Gesprächsführung" liegt noch einmal in der Verstärkung von Gesprächssequenzen, die änderungsbezogene, zuversichtliche und selbstverpflichtende Aussagen beinhalten. Zur Vermeidung von Widerstandsverhalten werden die Äußerungen, die gegen eine Veränderung sprechen, auch aufgegriffen, jedoch nicht verstärkt. Eine Zusammenfassung bedeutet somit, dass der Klient seine eigenen Änderungssequenzen hier (mindestens) ein drittes Mal hört (Aussage – Reflexion – Zusammenfassung).

Zusammenfassungen zum Ende einer Sitzung bieten die Möglichkeit einer Rückversicherung, dass nichts Wesentliches vergessen wurde und die Verbindung zur nächsten Sitzung. Zu Beginn einer nächsten Sitzung wird zur Erinnerung und Wiederholung noch einmal der Stand beim letzten Mal zusammenfassend geschildert und sich rückversichert, ob das so auch beim Klienten in Erinnerung ist. Hier ergibt sich die Möglichkeit, Änderungen (Fort- bzw.

Rückschritte) in der Zeit zwischen den Sitzungen zu thematisieren, um wieder das Tempo des Klienten aufzunehmen (vgl. Körkel und Veltrup 2003, S. 121).

2.4 Spezielle Methoden

In diesem Punkt werden einige spezielle Methoden „Motivierender Gesprächsführung", die aus verschiedenen Therapieschulen stammen, genauer beschrieben. Das bedeutet nicht, dass innerhalb des Ansatzes nicht auch andere hilfreiche und im Sinne der Grundannahmen und -haltung passende Methoden angewendet werden können. Sehr allgemeine Methoden wie z. B. sachliche Informationsvermittlung sind nicht aufgeführt.

2.4.1 Brainstorming

Brainstorming ist eigentlich eine Gruppenmethode zur Erschließung kreativer Lösungen unter (erwünschter) Ausschaltung üblicher gruppendynamischer Prozesse (vgl. z. B. Rehm 1994, S. 101). Der Kern aber, zu einem bestimmten Thema vorerst wert- und kritikfrei viele Ideen oder Lösungsmöglichkeiten zu finden, ist durchaus auch in Einzelgesprächen einsetzbar.

In der „Motivierenden Gesprächsführung" werden Ideen gesammelt, die für eine Veränderung hilfreich sein könnten. Auch hier geht es - ähnlich wie bei der hypothetischen Veränderung - um ein „Abschalten" aktueller Sorgen, Bedenken und Schwierigkeiten, um den Weg zu ebnen für kreative Lösungen.

Beispiel: „Wenn Sie einmal alles aufzählen würden, was Ihnen eine Veränderung erleichtern könnte, egal wie verrückt oder realistisch diese Ideen sein mögen - was fällt Ihnen alles ein?" Geduldige „Und-was-noch?"-Fragen können den Prozess unterstützen. Alle Ideen werden sichtbar mitgeschrieben und können später auf ihre mögliche Realisierung hin überprüft werden (vgl. Miller und Rollnick 2004, S. 160 ff.).

2.4.2 Bilanz bzw. Vier-Felder-Entscheidungsmatrix[18]

Die Bilanz (auch als „Balance sheet" bekannt) ist ursprünglich eine von Janis und Mann entwickelte Methode zur Darstellung und Analyse von Entscheidungsprozessen, die mit mehreren potentiellen Vorteilen, Risiken und Kosten verbunden sind. Sie gehen von einer hohen Abhängigkeit der Stabilität einer Entscheidung vom sorgsamen Bedenken aller Vor- und Nachteile aus. Die Erarbeitung einer Bilanz (siehe z. B. Abb. 4) regt neben der Sammlung möglicher Vorteile eben auch das Aufzeigen möglicher negativer Konsequenzen an. Dies führt nach verschiedenen von Janis und Mann angeführten Studien dazu, dass negative Konsequenzen eher ertragen und bewältigt werden, weil sie einkalkuliert waren (vgl. Wüthrich 2000, S. 25 f.).

Im Beratungs-/Therapieprozess kann diese Methode mehrfach verwendet werden: zu Beginn zur Darstellung der Ambivalenz, wobei die wahrgenommenen Vorteile einer Veränderung verstärkt werden; zwischenzeitlich zur Überprüfung bei möglichen Veränderungen und nach Treffen einer Entscheidung zur konkreten Planung der Veränderung. Spätestens hier sind Vorkehrungen zu treffen, wie den befürchteten Nachteilen einer Veränderung begegnet werden kann und welche funktionellen realistischen Alternativen es zu den aktuell wahrgenommenen Vorteilen des Status quo gibt.

Eine differenziertere Variante dieser Methode besteht darin, die einzelnen Argumente gewichten zu lassen, z. B. mit einem anschaulichen „Gewichtungssortiment" von 50 – 1000 g. Die Gewichtungen zeigen die sonst eher mäßig beachteten affektiven Komponenten im Entscheidungsprozess auf, welche sich entscheidend auf eine mögliche Selbstverpflichtung auswirken können. Nach Gewichtung ist es möglich, die Argumente in eine Rangfolge der eigenen Werte zu bringen, welches diese noch mal verstärken kann. Auch später im Prozess im Fall des möglichen Dissonanzerlebens nach einer Entscheidung sind die Gewichtungen von Bedeutung, da sich hier kaum die vorher sorgsam überlegten Argumente ändern, eher verändert sich die subjektive Bedeutung (vgl. Arend 1999, S. 114).

---

[18] Der Begriff der „Vier-Felder-Entscheidungsmatrix" wurde im Zusammenhang mit Motivierender Gesprächsführung von Körkel und Veltrup (vgl. 2003, S. 120) geprägt.

Mögliche Vor- und Nachteile einer Veränderung am Beispiel von problematischem Alkoholkonsum

Nachteile der jetzigen Situation	Vorteile der jetzigen Situation
→ gesundheitliche Schäden	→ Entspannung
→ finanzielle Abhängigkeit	→ Verringerung von Angst
→ schlechtes Vorbild für die Kinder	→ angenehmes Rauscherleben
→ Beziehungsprobleme	→ soziale Kontakte / Freunde
→ Verlust der Partnerschaft	→ „vergessen" von Konflikten und Streitig-
→ Zeitverschwendung	keiten
→ Gefährdung / Verlust des Arbeitsplatzes	→ Abbau innerer Unruhe
→ Führerscheinentzug	→ sich zurückziehen, „abschalten"
→ Einbuße an sozialem Ansehen	→ reden können, weniger Hemmungen in
→ Probleme im Freundeskreis	sozialen Kontakten
→ hoher Kraftaufwand durch Verheimlichen	→ weniger Langeweile
→ Gefährdung / Verlust der Wohnung	→ mehr Genuss
→ Polizeiliche / gerichtliche Probleme	
→ Zunahme von depressiven Stimmungen / Grübeln	
→ Verlust der Selbstbestimmung	

Vorteile einer Veränderung des Trinkverhaltens	Nachteile einer Veränderung des Trinkverhaltens
→ mehr Zeit für die Familie	→ Stigmatisierung als Alkoholiker
→ weniger Geldprobleme	→ Probleme mit Freunden und Bekannten
→ zufriedenere Partnerschaft	→ mehr Angstzustände
→ besseres Lebensgefühl	→ Zunahme an depressiven Stimmungen /
→ Zeit für neue Interessen / Hobbys	Grübeln
→ Halten bzw. Wiederaufnehmen einer ge-	→ Probleme am Arbeitsplatz (Druck mitzu-
regelten Arbeit	trinken)
→ mehr Selbstbewusstsein	→ Gefährdung des Arbeitsplatzes bei Ab-
→ verbesserter körperlicher Zustand	wesenheit wegen stationärer Therapie
→ höheres Ansehen bei Familienangehöri-	→ Isolation als „Abstinenzler"
gen und Freunden	→ Probleme aushalten müssen
→ Möglichkeit, neue Kontakte zu knüpfen	→ Alleinsein / Einsamkeit
→ ohne „rechnen" Auto fahren können bzw.	→ weniger Genuss
Chance auf Wiedererwerb des Führer-	
scheins	

Abb. 4: Vier-Felder-Entscheidungsmatrix am Beispiel von problematischem Alkoholkonsum (angelehnt an: Kremer 2001, S. 173)

2.4.3 Skalierungen

Skalierungsfragen sind eine Standardmethode in der lösungsorientierten Beratung und Therapie (vgl. z. B. Bamberger 2001, S. 62). In der „Motivierenden Gesprächsführung" werden sie vorwiegend zur Erhebung und Thematisierung der Dringlichkeit einer Veränderung und der Änderungszuversicht verwendet.

Mit offenen Nachfragen zum vom Klienten gewählten Punkt werden Möglichkeiten zum tieferen „lauten" Nachdenken eröffnet und Ressourcen aufgezeigt, z. B.: „Sie ordnen sich heute bei der Wichtigkeit einer Veränderung auf der 6 ein. Was bedeutet das für Sie?" oder „Wann waren Sie noch auf der 5 und was ist geschehen, dass Sie jetzt bei 6 sind?" oder „Sie haben auf der Zuversichtsskala die 3 angekreuzt. Was wäre anders, wenn Sie die 4 gewählt hätten?".

Ein weiterer wesentlicher Aspekt von Skalierungsfragen ist die Vermeidung von „Schwarz-Weiß-Denken", was besonders im Suchtbereich häufig vom sozialen Umfeld, aber auch im Hilfesystem mit produziert wird, z. B. mit der typischen geschlossenen Frage: „Wollen Sie nun etwas verändern oder nicht?" Mit Skalierungsfragen wird quasi die „Erlaubnis" erteilt, ambivalente oder unsichere Sichtweisen zu benennen und zu beschreiben.

Wichtigkeitsrating:

Wie wichtig ist es Ihnen, weniger Alkohol zu trinken? Wie denken Sie im Moment darüber?

Wo würden Sie sich auf einer Skala von 0 bis 10 einordnen, wenn 0 überhaupt nicht wichtig und 10 extrem wichtig bedeutet?

0 - 1 - 2 - 3 - 4 - 5 - 6 - 7 - 8 - 9 - 10

überhaupt nicht wichtig   extrem wichtig

Zuversichtsrating:

Wenn Sie sich jetzt vornehmen würden, weniger Alkohol zu trinken: Wie zuversichtlich sind Sie, dass Sie das schaffen würden?

Wo würden Sie sich auf einer Skala von 0 bis 10 einordnen, wenn 0 gar keine Zuversicht und 10 ganz sichere Zuversicht bedeutet?

0 - 1 - 2 - 3 - 4 - 5 - 6 - 7 - 8 - 9 - 10

gar nicht zuversichtlich   vollständig zuversichtlich

(vgl. Demmel 2005, S. 230)

2.4.4 Reframing

Reframing (Umdeutung) ist als eine Methode der Systemischen Psychotherapie und des Neurolinguistischen Programmierens bekannt. Menschliche

Denkmuster, Zuschreibungen, Erwartungen weisen in der Regel einen Rahmen (frame) auf, eine Ordnung, nach der Ereignisse interpretiert und dann wahrgenommen werden. Dieser individuelle Rahmen kann für einen Menschen sehr einengend sein, so dass er sich z. B. eine Verhaltensänderung aufgrund vieler gescheiterter Versuche nicht mehr vorstellen kann. Hier kann es innerhalb von Beratung/Therapie sinnvoll sein, den Klienten zu einem Perspektivenwechsel einzuladen, indem der Berater/Therapeut eine Aussage des Klienten in einen anderen Rahmen stellt. Dies kann mit bedeutungserweiternden Reflexionen erreicht werden, z. B. kann „Versagen" in „noch nicht erfolgreicher Versuch" umgedeutet werden, was wiederum ermöglicht, die Lernerfahrungen bisheriger „Versuche" zu explorieren und den nächsten „Versuch" gut vorzubereiten; die bisherigen Lernerfahrungen selbst können auch in einen positiven Kontext gestellt werden z. B. mit der Annahme „ohne Fehler keine Lebenserfahrung" und daraus weiterführenden Fragen (vgl. Brueck und Mann 2007, S. 16 f.).

2.4.5 Zukunft imaginieren / hypothetische Veränderung

Auch die Methode der Imagination der Zukunft ist ein Standard der systemisch-lösungsorientierten Beratung/Therapie (vgl. Bamberger 2001, S. 48 f.). Sie ist im Rahmen der „Motivierenden Gesprächsführung" u. a. bei der Erarbeitung der Vier-Felder-Entscheidungsmatrix für den Bereich der möglichen Vorteile einer Veränderung geeignet. Hierbei wird gleichsam eine positive Ziel- und Lösungsvorstellung verstärkt. Zum Beispiel könnte eine Frage lauten: „Wenn Sie jetzt einmal von allen aktuellen und vorgestellten künftigen Schwierigkeiten absehen und sich vorstellen, dass Sie bereits Ihr Trinkverhalten geändert haben - was ist dann anders? Und wie haben Sie das geschafft?". Hierbei können bestenfalls Ressourcen aktiviert werden, die unter dem aktuellen Problemdruck nicht wahrgenommen wurden, was wiederum zur Erhöhung der Selbstwirksamkeit beitragen kann (vgl. Miller und Rollnick 2004, S. 163).

Ebenfalls, wenn auch in die andere Richtung gehend, gehören zu dieser Methode die Fragen nach den schlimmsten Befürchtungen bei Weiterführung des aktuellen Verhaltens, also die Imagination einer negativen Zukunft bei

Unterlassen einer Veränderung. Diese Fragen sind vorsichtig zu verwenden, da sie auch Widerstand oder auch bei sehr niedriger Selbstwirksamkeit Resignation auslösen können. Im besten Fall erhöht es die Sorge des Klienten und stärkt die Absicht zur Veränderung (vgl. Miller und Rollnick 2004, S. 119).

2.5 Ablauf / Phasen

„Motivierende Gesprächsführung" umfasst zwei Phasen mit unterschiedlichen, aber ineinander übergehenden Zielstellungen. In der ersten Phase steht der Aufbau von Änderungsbereitschaft im Vordergrund. Ist diese ausreichend, werden in der zweiten Phase konkrete persönliche Ziele und Wege zur Veränderung erarbeitet und vereinbart, die in einen Änderungsplan münden.

Mit Blick auf das Stadienmodell des TTM entsprechen die Stadien der Absichtslosigkeit und Absichtsbildung der ersten und das Stadium der Vorbereitung im TTM der zweiten Phase der „Motivierenden Gesprächsführung" bzw. den ersten vier Phasen des Selbstmanagementmodells. Die Umsetzung und Aufrechterhaltung der geplanten Veränderungen (im TTM Aktions- und Aufrechterhaltungsstadium bzw. die letzten drei Phasen des Selbstmanagementmodells) sind nicht mehr Gegenstand der „Motivierenden Gesprächsführung".

2.5.1 Phase 1 - Aufbau von Änderungsbereitschaft

Im *Erstgespräch* steht der Aufbau einer positiven Atmosphäre und Klärung der Erwartungen an die Beratung/Therapie im Vordergrund. Strukturierende Aussagen zu Beginn, z. B. zum Zeitrahmen, auch Rollenklärung und eine offene Frage zum Anliegen des Klienten erleichtern dies. Mit offenen Fragen und aktivem Zuhören ist ein erster Eindruck vom Klienten und seinen Themen möglich und gleichzeitig kann der Klient einen Eindruck vom Therapeuten bekommen und erste Erfahrungen mit ihm machen.

Wie es in den *Folgegesprächen* weitergeht bestimmt sich vom Ausgangspunkt (Stadium der Veränderungsmotivation) des Klienten. Miller und Rollnick machen das an der unterschiedlich empfundenen Dringlichkeit der Veränderung (Diskrepanzerleben) und Zuversicht (Selbstwirksamkeit) fest; beides Faktoren intrinsischer Motivation und daher für die erste Phase besonders wichtig. Sie unterscheiden zunächst grob vier Klientenprofile: (A) Klienten mit geringer Dringlichkeit und geringer Zuversicht; (B) Klienten mit geringer Dringlichkeit und hoher Zuversicht; (C) Klienten mit hoher Dringlichkeit, aber geringer Zuversicht und (D) Klienten mit hoher Dringlichkeit und hoher Zuversicht. Dazu kommt jeweils die dritte Komponente – die Bereitschaft zur Veränderung.

Für die erste Phase kann es demnach keine bestimmte Abfolge geben, es kann die Notwendigkeit bestehen, an der Dringlichkeit oder mehr an der Zuversicht oder auch an beidem zu arbeiten. Bereitschaft wächst mit Zunahme von Dringlichkeit und Zuversicht. Alle weiter oben beschriebenen Methoden sind hier je nach Zielstellung (Förderung von Änderungssequenzen, Förderung von Änderungszuversicht, Umgang mit Widerstand) anwendbar.

Bei Klienten, die eine hohe Dringlichkeit einer Veränderung spüren und zuversichtlich sind, diese umsetzen zu können und auch zum gegenwärtigen Zeitpunkt bereit dazu sind, geht man ohne große Umwege zur zweiten Phase über (vgl. Miller und Rollnick 2004, S. 80 ff).

2.5.2 Phase 2 – Selbstverpflichtung für Veränderung stärken

Wenn sich der Klient vornehmlich änderungsbereit und zuversichtlich äußert, weniger problemorientierte, dafür mehr Fragen zur Veränderung aufkommen und eventuell schon erste kleine Schritte in Richtung Veränderung ausprobiert wurden, ist der Zeitpunkt günstig für den Übergang zur Erarbeitung und Vereinbarung eines persönlich verbindlichen Plans. Wichtig zu diesem Zeitpunkt ist, die noch (wenn auch schwächer) vorhandene Ambivalenz nicht zu unterschätzen. Zu vermeiden ist die „Verordnung" eines Planes, der für den Klienten nicht akzeptabel ist und wieder verstärkt Widerstandsreaktionen hervorrufen kann. Es sind zwar Hilfestellungen (z. B. Informationen über mögliche Alternativen) sinnvoll, aber der Klient sollte sich hier nicht gedrängt fühlen. Diese Schwierigkeiten können weitgehend vermieden werden durch eine einleitende *Zusammenfassung* der Ergebnisse aus der ersten Phase mit den bisherigen Kernaussagen des Klienten. Dazu gehören:

- die Aussagen über die Problematik

- die Aussagen über und die Anerkennung der Ambivalenz

- die Gründe, die für die Wichtigkeit der Veränderung sprechen

- die Wiederholung der Wünsche, Vorstellungen, Gründe und Pläne und die zuversichtlichen Aussagen, die für eine Veränderung sprechen

- die Einschätzung der Situation durch den Therapeuten (besonders der Aspekte, die auch so vom Klienten eingeschätzt wurden).

Durch eine solche Zusammenfassung und die *Rückversicherung* beim Klienten wird noch einmal gefördert, dass der Klient sich verstanden und anerkannt fühlt.

Dem folgt eine der so genannte *„Schlüsselfragen"*, die ab diesem Zeitpunkt strukturierend eingesetzt werden, um den jeweils nächsten Schritt zu planen, z. B.: „Wie soll es jetzt weitergehen?" oder „Was ist der nächste Schritt?" oder auch „Welche der Veränderungen, die Sie genannt haben, sind jetzt für Sie am wichtigsten?". Die Antworten des Klienten auf die erste Schlüsselfrage weisen in Richtung der zu vereinbarenden *Ziele*.

Im nächsten Schritt werden *konkrete Veränderungsziele* im partnerschaftlichen Dialog vereinbart, wobei der Berater/Therapeut unterstützt und nicht vorgibt, denn es geht immer um die Ziele, die sich der Klient setzt und nicht um die Ziele, die der Berater/Therapeut für angemessen hält. Verschiedene Ziele können mit Hilfe gedanklicher Vorwegnahme der positiven und negativen Konsequenzen und auf die Realisierbarkeit im Alltag hin exploriert werden. Mögliche Schwierigkeiten können so eingeplant und die Zuversicht zur Bewältigung dieser eingeschätzt werden.

Auch der nächste Schritt, in dem es um die *verschiedenen Möglichkeiten zur Zielerreichung* geht, wird mit einer Schlüsselfrage eingeleitet, z. B.: „Wie wollen Sie Ihren Plan umsetzen?" oder „Welche Ideen haben Sie, um Ihr Ziel zu erreichen?". Hierzu gehören auch Fragen zu Unterstützungsmöglichkeiten aus dem sozialen Umfeld oder des Erwägens von therapeutischen Hilfen, zu denen bei Bedarf Informationen gegeben werden. Nach ausführlicher Erarbeitung und Bewertung der Möglichkeiten ist jetzt der Zeitpunkt, um einen *konkreten Änderungsplan* festzulegen. Dieser Schritt wird mit einer Zusammenfassung des Erarbeiteten eingeleitet und nach Rückversicherung möglichst schriftlich festgehalten. Miller und Rollnick schlagen dazu folgende Punkte vor:

- die wichtigsten Gründe für diese Veränderung

- die wichtigsten Ziele bei dieser Veränderung

- spezifische Tätigkeiten mit Zeitpunkt der Umsetzung, um die Ziele zu erreichen

- unterstützende Personen

- mögliche Hindernisse und mögliche Lösungen dazu

- erwartete Anzeichen für eine erfolgreiche Veränderung.

Danach ist es günstig, noch einmal eine explizite Zustimmung einzuholen, z. B. „Ist das, was hier aufgeschrieben wurde, das, was Sie tun möchten?". Wenn sich der Klient noch nicht ganz sicher ist, sollte ihm Zeit eingeräumt werden, um noch einmal über das weitere Vorgehen nachzudenken. In diesem Fall ist der Kontakt zum Klienten aufrechtzuerhalten und weiterzuführen. Im Falle der eindeutigen Zustimmung endet hier formal die „Motivierende Gesprächsführung". Falls im Plan weiterführende Maßnahmen angedacht wurden, können diese jetzt eingeleitet werden (vgl. Miller und Rollnick 2004, S. 174 ff.).

Falls der Klient von hier an alleine fortfährt, den Plan umzusetzen, ist es günstig, einen Kontakt in einem vereinbarten Zeitrahmen anzubieten, um die Möglichkeit zur Nachfrage offen zu halten (wenn der Klient das wünscht). Für eine solche weitere Beratung schlagen Rumpf et al. (vgl. 2003, S. 122 f.) vor, folgende Elemente zu berücksichtigen: Exploration bisheriger Fortschritte, Ziele und Pläne; Erneuern/Bestärken der Motivation und erneute Verstärkung der Selbstverpflichtung.

2.6 Grenzen des Ansatzes

„Motivierende Gesprächsführung" ist insbesondere geeignet für Personen, die sich im Hinblick auf ein gesundheitsgefährdendes Verhalten in den ersten drei Veränderungsphasen nach dem Transtheoretischen Modell befinden. Nach Erreichung des Ziels „Motivierender Gesprächsführung" - intrinsisch motivierte Selbstverpflichtung und geeigneter Plan zur Umsetzung einer Verhaltensänderung - beginnt erst die tatsächliche Veränderung (Aktionsphase nach TTM) oder eben auch nicht, was in der Verantwortung des Klienten selbst liegt. Innerhalb einer umfassenden Behandlung stehen ab diesem Zeitpunkt andere therapeutische Maßnahmen im Vordergrund (z. B. störungsspezifische Psychotherapie, Rückfallprävention etc.). Auch in den ersten drei Phasen sind Stagnation und Rückfall (außer Absichtslosigkeit) in eine frühere Phase möglich. Hier sind Pausen (mit Aufrechterhaltung des Kontaktes) angebracht und häufig andere Hilfen vorrangig, z. B. bei erheblichen Problemen in der Partnerschaft oder Arbeit.

Personen, die neben riskantem Konsum von psychoaktiven Substanzen erhebliche körperliche, psychische oder kognitive Probleme haben, können sich häufig nicht auf eine Änderung des Substanzkonsums einlassen und benötigen häufig primär bzw. mindestens parallel z. B. medizinische oder soziale Hilfen (vgl. Sieber 2005, S. 79 f.). Zur Annahme weiterer Hilfen ist wiederum die akzeptierende und zugewandte Haltung der „Motivierenden Gesprächsführung" hilfreich.

3   Anwendung und Wirksamkeit in der Suchthilfe

Es gibt kaum noch eine neuere Konzeption im ambulanten und stationären Bereich der Suchthilfe, in der „Motivierende Gesprächsführung" keine Rolle spielt. Besonders im Zusammenhang mit Früherkennung riskanten Substanzkonsums und möglichst darauf folgender Frühintervention wird in der Regel „Motivierende Gesprächsführung" eingesetzt. Dieser Ansatz mit den relativ kurzen klaren Aussagen zu Veränderung, Motivation, Ambivalenz und Widerstand in Verbindung mit dem TTM und einem übersichtlichen Methodenpool ermöglicht es, „unmotivierte" gefährdete oder abhängigkeitskranke

Menschen nicht konfrontierend zu erreichen und bei ihnen eine Auseinandersetzung mit dem riskanten Verhalten anzustoßen. Hier besteht die Möglichkeit des „reinen" Anwendens von „Motivierender Gesprächsführung", wie im Punkt 2.5 beschrieben. Ein Beispiel dafür wäre ein Klient, der von der Arbeitsagentur die Auflage zur Suchtberatung bekommt. Hierzu können eine gewisse Anzahl Gesprächseinheiten vereinbart werden und in dieser Zeit eine Auseinandersetzung mit der Problematik und mögliche Veränderung angeregt werden.

Wird „Motivierende Gesprächsführung" als übergeordneter Kommunikationsstil mit anderen Behandlungselementen kombiniert, wird von „Adaptierter motivierender Gesprächsführung" („Adapted Motivational Interviewing" - kurz AMI) gesprochen. Besonders im Bereich der medizinischen Basisversorgung (niedergelassene Fach- und Hausärzte, Allgemeinkrankenhaus) wurden aufgrund der breiten Erreichbarkeit Modelle und Manuale zur Kurzintervention entwickelt und erprobt, die eine Auseinandersetzung mit dem Problemverhalten und Motivationsförderung zum Ziel haben. Ein typisches Beispiel hierfür ist im Rahmen hausärztlicher Versorgung und Behandlung z. B. die Rückmeldung von Laborwerten, die auf erhöhten Alkoholkonsum oder auch Drogenkonsum hinweisen als Diskrepanzauslöser inklusive der anschließenden (Kurz-)Interventionen im Stil der „Motivierenden Gesprächsführung" (vgl. Körkel und Veltrup 2003, S. 122).

Die Kombination von „Motivierender Gesprächsführung" und anderer Methoden und Ansätze erfährt die breiteste Anwendung, was die gute Anschlussfähigkeit bestätigt. Zwei Beispiele adaptierter Modelle werden weiter unten näher erläutert: das mittlerweile bundesweit eingesetzte Projekt zur Frühintervention bei erstauffälligen Drogenkonsumenten (FRED) und eine Kombination von „Motivierender Gesprächsführung" und Case Management (MOCA) für die psychosoziale Betreuung im Modellprojekt zur heroingestützten Behandlung von Opiatabhängigen.

„Motivierende Gesprächsführung" eignet sich ebenfalls gut als vorangestelltes bzw. vorbereitendes Behandlungselement (vgl. ebd., S. 123). Vom Erstkontakt an ist „Motivierende Gesprächsführung" Standardkommunikationsstil in ambulanten Sucht- und Drogenberatungsstellen. Neben der Förderung von Veränderungsmotivation spielen hier häufig soziale und persönliche Problemlagen ebenfalls eine erhebliche Rolle, die weitere aktive Hilfen erfordern. Auch die Einbeziehung des sozialen Umfeldes ist häufig angezeigt. Bei indizierter und gewünschter Vermittlung in weiterführende Hilfen (z. B. rehabilitative oder sozialtherapeutische Maßnahmen) wird in die Planungsphase (Phase 2 der „Motivierenden Gesprächsführung") die Vorbereitung und die Auseinandersetzung mit den möglichen Konsequenzen der folgenden Behandlung mit aufgenommen.

Während einer Behandlung kann es immer wieder zu motivationalen Problemen und Verstärkung der Ambivalenz kommen (z. B. Neugewichtung der Vor- und Nachteile nach neuen Informationen oder Erfahrungen). Hier kann auf „Motivierende Gesprächsführung" zurückgegriffen werden, sozusagen zwischengeschaltet, um die Motivation wieder zu festigen und die Behandlung dem Tempo des Klienten anzupassen (vgl. Körkel und Veltrup 2003, S. 123).

Die Wirksamkeit „Motivierender Gesprächsführung" ist durch zahlreiche Studien belegt worden. Besonders im Bereich der Kurzinterventionen[19] kann in der Summe der bisherigen Untersuchungen eine eindeutige positive Evidenz von Kurzinterventionen, die auf „Motivierender Gesprächsführung basieren, nachgewiesen werden. Die Wirksamkeit bezieht sich auf Veränderungen im Konsumverhalten und auf die Inanspruchnahme weiterführender Hilfen. Bei dem Versuch, die effektiven Komponenten der auf „Motivierender Gesprächsführung" basierenden Kurzinterventionen herauszufiltern, wurden deutliche Hinweise auf a) den empathischen Beratungsstil und b) auf sachliche Information und Rückmeldung über diagnostische Befunde an erster Stelle gefunden. Das führt erneut zu der Erkenntnis, dass der Kommunikationsstil mehr Einfluss auf das Ergebnis zu haben scheint als die Inhalte von Interventionen (vgl. Kremer 2003, S. 130). Bei Anwendung von „Motivieren-

---

[19] Kurzinterventionen können auf „Motivierender Gesprächsführung" (betont die motivationalen Aspekte einer Verhaltensänderung) und/oder auf kognitiv-behavioralen Verfahren (betont die pragmatischen Aspekte einer Verhaltensänderung) basieren.

der Gesprächsführung" als vorangestelltes Behandlungselement belegen die Studienergebnisse eine erhöhte Mitwirkung in der späteren Behandlung und eine geringere Abbruchquote. Für den Einsatz des „reinen" Ansatzes und dem Rückgriff auf „Motivierende Gesprächsführung" während einer weiterführenden Behandlung „bei Bedarf" gibt es bisher keine Wirksamkeitsstudien (vgl. Körkel und Veltrup 2003, S. 122 f.). „Motivierende Gesprächsführung" wird als Beratungsstil in den bisher erarbeiteten Behandlungsleitlinien[20] für substanzbezogene Störungen von der Arbeitsgemeinschaft der Wissenschaftlichen Medizinischen Fachgesellschaften (AWMF) wegen hoher nachgewiesener Evidenz vorrangig empfohlen.

Die Attraktivität des Ansatzes beruht nicht unwesentlich auf den breiten praktischen Anwendungsmöglichkeiten in der Suchthilfe. In den bisherigen Ausführungen klang schon an, dass „Motivierende Gesprächsführung" auch in den mit Suchthilfe kooperierenden Feldern eingesetzt wird, z. B. in der Jugendhilfe und in der medizinischen Basisversorgung.

Für die Wohnungslosenhilfe wurde ein Modell zur Förderung der Reduzierung oder Einstellung von riskantem Alkoholkonsum in Kombination von aufsuchender Hilfe, „Motivierender Gesprächsführung" und dem Konzept des „Kontrollierten Trinkens" (Projekt WALK)[21] entwickelt und mit Erfolg erprobt. „Motivierende Gesprächsführung" hat sich im Rahmen des Projektes als geeignet erwiesen, mit problematisch Alkohol konsumierenden Wohnungslosen ins Gespräch zu kommen und Veränderungsmotivation zu fördern, die mit Hilfe nachfolgender zieloffener Programme (Abstinenz oder „kontrolliertes Trinken") eine deutliche Reduktion ihres Alkoholkonsums erreichen konnten (vgl. König 2005, S. 25). Neueste Anwendungsmöglichkeiten werden aktuell im Bereich der Online-Beratung erprobt (vgl. Weissenböck, Ivan und Lachout 2006, S. 12).

---

20 Die Leitlinien sind jeweils auf dem neuesten Stand nachzulesen unter http://leitlinien.net
21 Projekt "WALK" - Wohnungslosigkeit und Alkohol. Eingeführt wurde diese Form zieloffener Suchtarbeit in Einrichtungen der Wohnungslosenhilfe des Katholischen Männerfürsorgevereins München e. V. in Zusammenarbeit der mit der Quest Akademie Heidelberg im Mai 2003.

Ausdruck der dem Ansatz beigemessenen hohen Bedeutung ist die Aufnahme der Fortbildung in „Motivierender Gesprächsführung" und darauf basierender Kurzinterventionen in umfassende Weiterbildungscurricula wie die „Fachkunde Suchtmedizinische Grundversorgung" der Bundesärztekammer, die „Fachkunde Suchtpsychologie" der Deutschen Gesellschaft für Suchtpsychologie, dem Aufbaustudium zum „Suchtmaster"[22] der Katholischen Fachhochschule Nordrhein-Westfalen sowie das Curriculum „MOVE" – „Motivierende Kurzinterventionen bei konsumierenden Jugendlichen", welches sich an Mitarbeiter in der Jugendhilfe richtet (vgl. Kremer 2003, S. 129).

Auch wenn bei Weitem nicht der volle Umfang der Anwendung der „Motivierenden Gesprächsführung" in der Suchthilfe und angrenzenden Feldern benannt wurde, ist deutlich geworden, dass „Motivierende Gesprächsführung" - wie von Veltrup empfohlen - mittlerweile als überwiegendes „Betriebssystem" im Rahmen von Suchtprävention und -behandlung mit zahlreichen Anschlussmöglichkeiten an die bekannten suchttherapeutischen Interventionen fungiert (vgl. Veltrup 2004, S. 82).

Anhand von zwei konkreten Praxismodellen soll Anwendung und Wirksamkeit im Folgenden noch einmal dargestellt werden.

3.1 Frühintervention bei erstauffälligen Drogenkonsumenten (FRED)

In dem von der Koordinierungsstelle Sucht entwickelten Projekt zur „Frühintervention bei erstauffälligen Drogenkonsumenten" - kurz „FRED" - geht es darum, jungen Menschen ein frühzeitiges (d. h. möglichst nah am Zeitpunkt des Erstkonsums) Angebot zu unterbreiten, um der Entwicklung von missbräuchlichen bzw. abhängigen Drogenkonsum vorzubeugen und eine Auseinandersetzung mit dem problematischen Verhalten zu fördern sowie eine (erneute) strafrechtliche Auffälligkeit zu verhindern. Zielgruppe sind Jugendliche und junge Erwachsene bis zum Alter von 21 Jahren, die über eine justizielle Auflage (Polizei, Staatsanwaltschaft, Gericht, Jugendgerichtshilfe, Bewährungshilfe) oder aufgrund einer „pädagogischen Einflussnahme" (Eltern,

---

[22] Informationen hierzu unter http://www.suchthilfemaster.de [Stand: 05.09.2007]

Schule, ambulante und stationäre Jugendhilfe) vermittelt werden. Angestrebt wird ein freiwilliges Annehmen des Angebotes, wobei die „Freiwilligkeit" häufig eher ein „vermeiden können" von Strafe bedeutet (vgl. Rometsch 2003, S. 59).

Theoretisch stützt sich „FRED" auf Aaron Antonovskys Modell der Salutogenese[23] und will damit den Blick weniger auf die Defizite als vielmehr auf die Ressourcen und Stärken der Jugendlichen lenken (vgl. Landschaftsverband Westfalen-Lippe, Koordinationsstelle Sucht 2003, S. 23). Als Grundhaltung und Beratungskonzept kommt der Ansatz der „Motivierenden Gesprächsführung" zur Geltung aus der Überlegung heraus, den Jugendlichen in ihrer häufig ambivalenten Haltung respektierend und Autonomie fördernd begegnen zu können (vgl. Rometsch 2003, S. 63).

Struktur des Kursangebotes:

→ Informationen: über das Angebot und zur Kontaktherstellung durch Polizei, Staatsanwaltschaft, Jugendhilfe etc.

→ Einzel- oder „In-Take-Gespräch": zur vertieften Information und erstes Besprechen der Situation des auffällig gewordenen Jugendlichen; Feststellen der Eignung durch den Ausschluss von Abhängigkeit (bei manifester Abhängigkeitserkrankung Motivation zur Annahme suchtspezifischer und/oder psychosozialer Hilfen); „Brückenfunktion" in das Kursangebot

→ Kursangebot: Umfang von acht Zeitstunden (4 x 2 oder 2 x 4 Stunden); inhaltliche Schwerpunkte sind: persönliche Drogenkonsumreflexion und die zugrundeliegenden Situationen, Auseinandersetzung mit dem Drogenkonsum mit Bezug auf persönliche Folgen, fundierte Informationen über Wirkungen und Risiken der verschiedenen Drogen, eigenverant-

---

[23] Salutogenese fragt, warum Menschen trotz gesundheitsgefährdender Einflüsse gesund bleiben, wie sie sich von Erkrankungen erholen und welche Faktoren dazu beitragen, dass manche Menschen unter extremsten Belastungen nicht krank werden. Pathogenese sucht im Unterschied dazu nach Krankheitsursachen und Behandlungsmöglichkeiten. Gesundheit und Krankheit werden von Antonovsky nicht als Gegensatz, sondern als Pole eines Kontinuums betrachtet, wonach also alle Menschen gleichzeitig mehr oder weniger gesund und mehr oder weniger gesund sind (vgl. Bundeszentrale für gesundheitliche Aufklärung 2001, S. 24).

wortliche Entscheidung zum künftigen Verhalten, Informationen über das regionale Hilfesystem; Durchführung des Kurses durch zwei pädagogische Fachkräfte; Teilnahmebescheinigung zum Abschluss des Kurses

→ Individuelles Auswertungsgespräch: auf Wunsch des Kursteilnehmers, nicht obligatorisch (vgl. Rometsch 2003, S. 62).

In einer Nachbefragung (nach 17 bis 29 Monaten) hoben die Teilnehmer des Angebotes vor allem die informativen Anteile sowie die Möglichkeiten des persönlichen Kontaktes als besonders hilfreich hervor. Die Hälfte der Befragten gab an, im Zeitraum seit dem Kurs keine illegalen Drogen mehr konsumiert zu haben; rund siebzig Prozent waren nicht (erneut) polizeilich auffällig (vgl. Landschaftsverband Westfalen-Lippe, Koordinationsstelle Sucht 2007, S. 4).

„Motivierende Gesprächsführung" stellt in diesem Fall einen hilfreichen Kommunikationsstil dar, um mit Jugendlichen ins Gespräch zu kommen, ein Vertrauensverhältnis aufzubauen und sie zur Auseinandersetzung mit problematischem Verhalten anzuregen. In Verbindung mit themenzentrierten Gruppengesprächen stellt „FRED" ein modernes sekundärpräventives Angebot dar.

3.2 Motivational Case Management (MOCA)

„Motivational Case Management", kurz „MOCA" verknüpft die beiden Verfahren Case Management und „Motivierende Gesprächsführung" zu einem integrierten Beratungsansatz zur Beratung, z. B. in ambulanten Sucht- und Drogenberatungsstellen. Case Management stellt den formalen strukturierten Rahmen mit Hilfeplanung, Hilfeerschließung und Hilfeleistung dar, „Motivierende Gesprächsführung" steht für die Grundhaltung, den Kommunikationsstil und die Methoden der Gesprächsführung. „MOCA" läuft idealtypisch als geregelter Prozess ab (siehe Abb. 5). Jedem Schritt im Prozess sind Methoden der „Motivierenden Gesprächsführung" zugeordnet, so zum Beispiel bei der Kontaktaufnahme offene Fragen, aktives Zuhören, Zusammenfassen. Bei den Erhebungen zur Lebenswelt kommen zu den vorgenannten auch u. a. Fragen nach Ressourcen und Stärken und die Erarbeitung der Vier-Felder-

Entscheidungsmatrix hinzu. Den weiteren Schritten im Prozess sind entsprechend weitere Methoden der „Motivierenden Gesprächsführung" anzuwenden (vgl. Vogt 2004, S. 208 ff.)

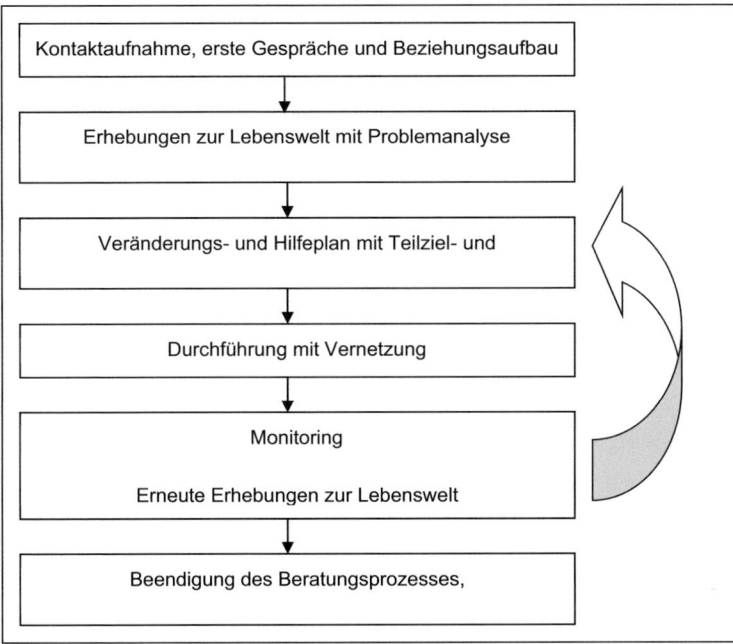

Abb. 5: Ablaufmodell „MOCA" (nach Vogt 2004, S. 208)

Erfolgreich erprobt wurde dieses Modell im bundesdeutschen Modellprojekt zur heroingestützten Behandlung von Opiatabhängigen (Heroinstudie) für die psychosoziale Begleitung. Bei den hier beteiligten Klienten handelte es sich um langjährig opiatabhängige Menschen mit komplexen Problemlagen und wenig Ressourcen, in schlechtem gesundheitlichen Zustand, teilweise mit zusätzlichen psychischen Erkrankungen. Für die Heroinstudie wurde ein ausführliches Manual für die Berater erarbeitet, welches die praktische Umsetzung der Verbindung Case Management und „Motivierender Gesprächsführung" erläutert. Die Berater wurden mit Basistraining und Auffrischungskursen ausführlich in beiden Verfahren geschult (vgl. Vogt, Schmid und Schu 2003, S. 136 f.). Ersten Studienergebnissen zur psychosozialen Begleitung in der Heroinstudie zufolge wirkt „MOCA" dann am besten (Verbesserung des Gesundheitszustandes, Reduktion des Drogenkonsums, soziale Wiedereingliederung), wenn neben einer guten Berater-Klient-Beziehung eine exakte Hilfeplanung erarbeitet und umgesetzt wurde (vgl. Kuhn et al. 2007, S. 1 ff.).

„MOCA" eignet sich insbesondere für Klienten mit komplexen Problemlagen, für die „Motivierende Gesprächsführung" allein keine ausreichende Hilfe darstellt.

4 Schlussfolgerungen

Die folgenden zusammenfassenden Überlegungen unterscheiden noch einmal zwischen Theorie und Praxis. Um den aus der Praxis entstandenen und als überwiegend wirksam erprobten Ansatz vermitteln zu können, ohne dass die interessierten Anwender alle Prozesse der Entwickler wiederholen müssen, ist eine logisch nachvollziehbare und überprüfbare theoretische Beschreibung notwendig. In diesem Punkt kann für die „Motivierende Gesprächsführung" davon ausgegangen werden, dass die Theorieentwicklung noch nicht abgeschlossen ist.

4.1 Zur Theorie und Methode

Eine neue Sicht auf Motivation und Motivationsprozesse und deren angenommener hoher Stellenwert bei der Veränderung von problematischem Verhalten war die grundlegende Voraussetzung für die Entwicklung des Ansatzes der „Motivierenden Gesprächsführung". Mit dem Fokus auf Motivationsprozesse bei gesundheitsgefährdendem Verhalten, wie z. B. problematischem Substanzkonsum wurden sozialpsychologische Theorien wie die der kognitiven Dissonanz, der Selbstwahrnehmung und der Reaktanz und sozialkognitive Lerntheorien herangezogen, um zu verstehen, wie sich Verhalten und Einstellungen entwickeln und sich gegenseitig beeinflussen. Faktoren wie wahrgenommene kognitive Dissonanz zwischen persönlichen Zielen und Werten und gegenwärtigem (problematischen) Verhalten und Selbstwirksamkeit beeinflussen erheblich die ambivalente Motivation in Richtung eines konsonanten Zustandes. Bei hoher Wichtigkeit, hoher Selbstwirksamkeit und hoher (zeitlicher) Priorität ist eine Verhaltensänderung wahrscheinlich. Ein geringes Ausmaß von Wichtigkeit und/oder Selbstwirksamkeit und/oder Priorität führen zu anderen Strategien des Ausgleichs der Dissonanz bzw. der

Selbstregulation. Freiheitseinschränkende Bedingungen führen eher zur Verstärkung des problematischen Verhaltens. Sehr geringe Selbstwirksamkeit macht ein Verbleiben im Verhalten und Passivität wahrscheinlich. Das gegenwärtige Verhalten eines Menschen ist gelerntes Verhalten und wird sowohl durch innere (hier z. B. Selbstwirksamkeit) und äußere (hier z. B. soziale Umwelt) Bedingungen beeinflusst.

Die Integration o. g. Theorien in den Ansatz der „Motivierenden Gesprächsführung" ist in mancher Hinsicht mühsam nachzuvollziehen, z. B. mischen sich Dissonanzvermeidungs- bzw. -kompensierungsstrategien mit Reaktanzreaktionen und sprachlichen Sequenzen gegen eine Veränderung im einheitlichen Begriff „Widerstand", welcher zudem noch von z. B. tiefenpsychologischen Definitionen besetzt ist. Hier wäre eine Differenzierung nötig, u. a. um Verkürzungen auf solche Merksätze wie: „Widerstand ist weitgehend interaktionell bedingt und damit eher das Problem des Beraters/Therapeuten" zu vermeiden. Im Wörtchen „weitgehend" sind alle anderen Möglichkeiten enthalten und damit eher nicht ausreichend berücksichtigt. Ebenfalls wäre eine klarere Unterscheidung sinnvoll bei Begriffen wie „Dissonanz" und „Konsonanz", die bei allgemeinem Bezug auf die kognitive Dissonanztheorie damit besetzt sind, und im Ansatz der „Motivierenden Gesprächsführung" als eine Qualität im Kontinuum von Konsonanz bis Dissonanz der Beziehung zwischen Klient und Berater/Therapeut von Miller und Rollnick definiert werden. Dissonanz (nach der kognitiven Dissonanztheorie) wiederum wird verkürzt als Diskrepanz eingeführt. Diese Beispiele, die fortgeführt werden könnten, sollen nicht den Ansatz in Frage stellen, sondern darstellen, dass eine klarere, aus den verwendeten Theorien logisch folgende Beschreibung der theoretischen Grundlagen der „Motivierenden Gesprächsführung" sinnvoll wäre, um Missverständnisse und Verkürzungen zu vermeiden und letztlich auch die Interventionen noch besser anpassen zu können.

Weitgehend ausgeklammert wurde in den theoretischen Überlegungen von Miller und Rollnick die störungsspezifischen hochkomplexen Entwicklungsverläufe, welche bei z. B. bei fortgeschrittenen Abhängigkeitserkrankungen mit Folge- und Begleitstörungen im körperlichen, psychischen und sozialen Bereich ebenfalls erheblichen Einfluss auf Motivationsprozesse haben. Hier zeigen sich einerseits die Grenzen „Motivierender Gesprächsführung" mit ihrem Fokus auf das bestimmte problematische Verhalten; andererseits kann die konstruierte Reduktion der Komplexität einer individuellen Situation auf ein Verhalten eine Chance sein, eine Veränderung anzustoßen, der weitere folgen können. Ein weiterer erheblicher Vorteil der nicht störungsspezifischen Sichtweise ist die Übertragung des Konzeptes auf das weite Gebiet problematischer, z. B. gesundheitsgefährdender Verhaltensweisen.

Für Veränderungen sind Bedingungen zu schaffen, die dieses möglich machen. „Motivierende Gesprächsführung" ist untrennbar verknüpft mit der Haltung der humanistischen Psychologie, wonach u. a. jeder Mensch ein Veränderungspotential hat und nach Einheit zwischen seinen Werten und seinem Verhalten strebt. Jeder Mensch hat das Recht auf die Wahrung seiner Autonomie und seiner Individualität - entsprechend ist die Haltung der „Motivierenden Gesprächsführung" partnerschaftlich, akzeptierend und wertschätzend. Miller und Rollnick beziehen sich hierbei ausdrücklich auf die Klientenzentrierte Therapie nach Rogers, dabei vorwiegend auf die von Rogers postulierte und in ihrer Wirkung nachgewiesene empathische Haltung des Beraters/Therapeuten. Andere wesentliche Gesichtspunkte wie die Nicht-Direktivität schließen sie weitgehend aus. Dieser ausdrückliche Bezug auf Rogers bleibt missverständlich, zumal der Wirkfaktor einer guten therapeutischen Beziehung (welche emphatische Grundhaltung impliziert) längst in den verschiedenen psychotherapeutischen Schulen berücksichtigt wird.

„Motivierende Gesprächsführung" ist im Ablauf als Zwei-Phasenmodell konzipiert. Dieses überschneidet sich in der zeitlichen Dimension des Phasenmodells des TTM mit den Phasen der Absichtslosigkeit, Absichtsbildung und Vorbereitung; in der Selbstmanagement-Therapie lassen sich ähnliche Abläufe in den ersten vier Phasen erkennen. Miller und Rollnick differenzieren die zeitliche Dimension des TTM, welche vorwiegend die Absicht bzw. Bereitschaft kennzeichnen, noch einmal durch die Beschreibung von vier Klientenprofilen, die sich jeweils durch verschieden große Ausmaße von Dringlichkeit und Zuversicht unterscheiden. Aufgrund dieser (groben) Zuordnung zu einem Profil ergeben sich die vorrangigen Interventionen in der ersten Phase.

Zur methodischen Umsetzung der Förderung von Motivation für eine Veränderung wurden Basismethoden der Gesprächsführung (offene Fragen, aktives Zuhören, bestätigen, zusammenfassen) kombiniert mit Methoden aus systemisch-lösungsorientierten und verhaltenstherapeutischen Schulen. Die einzelnen Methoden „passen" jeweils zur Philosophie der „Motivierenden Gesprächsführung", auch wenn sie ohne diese Gesamtklammer teilweise gegensätzlich scheinen, wie z. B. aktives oder auch reflektierendes Zuhören nach Rogers die Selbstexploration mit Führung durch den Klienten fördern soll - bei Miller und Rollnick übernimmt der Berater/Therapeut insofern die Führung, dass er selektiv Gesprächsinhalte verstärkt, die in Richtung Veränderung weisen.

Im Falle direktiver Führung bzw. Einflussnahme in Richtung Veränderung eines problematischen oder riskanten Verhaltens müssen ethische Fragen beantwortet werden. Die Klärung eigener Intentionen des Beraters/Therapeuten und ein Höchstmaß an Transparenz gegenüber dem Klienten verhindern mögliche Manipulationen. Hier zeigt sich erneut die erforderliche hohe fachliche Grundqualifikation und Erfahrung des Beraters/Therapeuten, die durch kontinuierliche Weiterbildung und Reflexion der Erfahrungen durch Supervision ergänzt werden soll.

Insgesamt kann „Motivierende Gesprächsführung" als weiterzuentwickelnder Ansatz eingeschätzt werden; ein genauerer Bezug der theoretischen Quellen auf die Grundannahmen und damit auf die gewählten Interventionen könnte auftretende Missverständnisse ausräumen. „Motivierende Gesprächsführung" ist mehr als nur eine neue „Mode" in der Suchthilfe; als eine methodische Antwort auf die Notwendigkeit Motivation von Klienten nicht zu fordern, sondern zu fördern, trägt sie zur Verbreitung und Entwicklung neuerer Motivationsüberlegungen bei. Um die Grenzen des Ansatzes in der Suchthilfe zu weiten, könnte der weitere Einbezug der verschiedenen Entwicklungsstufen von riskantem, schädigendem und abhängigem Verhalten sinnvoll sein.

4.2 Zur Praxis

„Motivierende Gesprächsführung" ist sozusagen Millers „Kind" der Praxis und es ist auch in der Praxis „groß" geworden. Entsprechend der lösungsorientierten Maxime: „Wenn etwas funktioniert, mache es weiter" scheinen die Theorieschwächen des Ansatzes keine größeren Auswirkungen auf die praktische Aufnahme in die verschiedenen Beratungs- und Therapiebereiche zu haben.

Durch die besondere Eignung in der Früherkennung und Frühintervention wurde „Motivierende Gesprächsführung" auch außerhalb von Suchthilfe interessant. Die gelungene Einführung des Ansatzes in die Jugendhilfe hat nicht zuletzt damit zu tun, dass Jugendhilfe durch ihre adressaten- und lebensweltbezogene Grundorientierung nicht durch die Paradigmendiskurse der Suchthilfe belastet ist. Beim umgekehrten Fall der schleppenden Umsetzung von auf „Motivierender Gesprächsführung" basierenden Kurzinterventionen beim Hausarzt trotz hoher nachgewiesener Wirksamkeit scheinen neben anderen Gründen das traditionelle Krankheitskonzept und Rollenverständnis zwischen Arzt und Patient hemmende Faktoren zu sein.

Die bisherigen Modellprojekte, z. B. Früherkennung und Frühintervention in der basismedizinischen Versorgung, Frühintervention bei erstauffälligen Drogenkonsumenten oder auch die Verbindung von „Motivierender Gesprächsführung" und Case Management in der psychosozialen Betreuung in der Heroin-Studie haben durchgängig positive Ergebnisse aufgezeigt.

Ob nun direkt mit „Motivierender Gesprächsführung" oder mit anderen methodischen Ansätzen bleibt zu wünschen, dass sich ein respekt- und verständnisvoller, die Autonomie der Menschen wahrender und fördernder Kommunikationsstil und individuell angepasste effektive Hilfen in allen Bereichen der Suchthilfe durchsetzen.

Literatur

Arend, H. (1999). Alkoholismus. Ambulante Therapie und Rückfallprophylaxe. Weinheim u. a.: Beltz

Bandura, A. (1979). *Sozial-kognitive Lerntheorie.* Stuttgart: Klett-Cotta.

Bamberger, G.G. (2001). Lösungsorientierte Beratung. Praxishandbuch. Weinheim: Beltz PVU

Bem, D.J. (1974). Meinungen, Einstellungen, Vorurteile. Eine einführende sozialpsychologische Darstellung. Reihe Bildungswesen Aktuell. Zürich u. a.: Benziger; Aarau u. a.: Sauerländer

Brueck, R. und Mann, K. (2007). Alkoholismusspezifische Psychotherapie. Manual mit Behandlungsmodulen. Köln: Deutscher Ärzteverlag

Bundeszentrale für gesundheitliche Aufklärung (Hrsg.) (2001). Was erhält Menschen gesund? Antonovskys Modell der Salutogenese – Diskussionsstand und Stellenwert. In: Reihe Forschung und Praxis der Gesundheitsförderung. Band 6. Köln

Demmel, R. (2001). Motivational Interviewing: Lifestyle oder Feigenblatt? In: Pittrich, W., Rometsch, W., Sarrazin, D. (Hrsg.): Kurzintervention und motivierende Gesprächsführung. Münster

Demmel, R. (2005). Motivational Interviewing. In: Linden, M. und Hautzinger, M.: Verhaltenstherapiemanual. Heidelberg: Springer

Deutsche Hauptstelle für Suchtfragen (2005). Ziele, Grundlagen und Prinzipien der Sucht- und Drogenhilfe. Konsenspapier von DHS e. V. und Akzept e. V.. Hamm [online] URL:
http://www.akzept.org/pdf/aktuel_pdf/nr14/konsenspapiero5.pdf
[Stand: 04.10.2007]

Dickenberger, D. (2006). Reaktanz. In: Bierhoff, H.W. und Frey, D. (Hrsg.): Handbuch der Psychologie. Band 3. Handbuch der Sozialpsychologie und Kommunikationspsychologie. Göttingen: Hogrefe

DIMDI – Deutsches Institut für Medizinische Dokumentation und Information (Hrsg.) (2006). ICD-10-GM. Version 2007. Systematisches Verzeichnis. Internationale statistische Klassifikation der Krankheiten und verwandter Gesundheitsprobleme, 10. Revision – German Modification – [online] URL:
http://www.dimdi.de/dynamic/de/klassi/downloadcenter/icd-10-gm/version2007/systematik/ [Stand: 25.09.2007]

Festinger, L. (1978). Theorie der kognitiven Dissonanz. Herausgegeben von Martin Irle und Volker Möntmann. Bern u. a.: Hans Huber

Feuerlein, W., Küfner, H. und Soyka, M. (1998). Alkoholismus – Missbrauch und Abhängigkeit. Entstehung – Folgen – Therapie. Stuttgart: Thieme

Försterling, F. (1994). Attributionstheorie in der Klinischen Psychologie: Gemeinsamkeiten mit Kognitiven und Verhaltenstherapien. In: Försterling, F. und Stiensmeier-Pelster, J.: Attributionstheorie. Göttingen: Hogrefe

Försterling, F. (2006). Attributionstheorien. In: Bierhoff, H.W. und Frey, D. (Hrsg.): Handbuch der Psychologie. Band 3. Handbuch der Sozialpsychologie und Kommuniktionspsychologie. Göttingen: Hogrefe

Freyer, J. (2006). Motivation zur Inanspruchnahme formeller Hilfen bei Alkoholproblemen. Das Treatment Readiness Tool (TReaT). Hamburg: Verlag Dr. Kovač

Fritsche, I, Jonas, E. und Frey, D. (2006). Kontrollwahrnehmungen und Kontrollmotivation. In: Bierhoff, H.W. und Frey, D. (Hrsg.): Handbuch der Psychologie. Band 3. Handbuch der Sozialpsychologie und Kommuniktionspsychologie. Göttingen: Hogrefe

Grawe, K., Donati, R., Bernauer, F (1994). Psychotherapie im Wandel. Von der Konfession zur Profession. Göttingen: Hogrefe

John, U., Veltrup, C., Driessen, M., Wetterling, T., Dilling, H. (2000). Motivationsarbeit mit Alkoholabhängigen. Freiburg i. Breisgau: Lambertus

Kanfer, F.H., Reinecker, H. und Schmelzer (2000). Selbstmanagement-Therapie. Ein Lehrbuch für die klinische Praxis. Berlin u. a.: Springer

Kanfer, F.H., Goldstein, A.P. (Hrsg.) (1977). Möglichkeiten der Verhaltensänderung. München u. a.: Urban und Schwarzenberg

Keller, S., Velicer, W. F. & Prochaska, J. O. (1999). Das Transtheoretische Modell – Eine Übersicht. In: S. Keller (Hrsg.). Motivation zur Verhaltensänderung. Freiburg i. Breisgau: Lambertus

Kremer, G. (2001). Alkoholprobleme im Allgemeinkrankenhaus. Früherkennung und Kurzintervention bei Patientinnen und Patienten mit Alkoholproblemen in der somatischen Medizin. Dissertation, Univ. Bielefeld [online] URL: http://bieson.ub.uni-bielefeld.de/volltexte/2004/513/ [Stand: 02.09.2007]

Kremer, G. (2003). Motivational Interviewing als Kurzintervention bei Menschen mit Alkoholproblemen: Stand der Forschung und Praxis. In: Suchttherapie 2003; 4: S. 125 - 131. Stuttgart: Thieme

König, D. (2005). Türen öffnen. Erste Ergebnisse des Projekts WALK. In: Konturen. Fachzeitschrift zu Sucht und sozialen Folgen, 26 (6), S. 23 – 25

Körkel, J, Veltrup, C. (2003). Motivational Interviewing. Eine Übersicht. In: Suchttherapie 2003; 4: S. 115 – 124. Stuttgart: Thieme

Kuhn, S., Schu M., Vogt, I., Schmid, M. (2007). Binnenevaluation der psychosozialen Begleitung. Spezialstudie im Rahmen des bundesdeutschen Modellprojektes zur kontrollierten Heroinvergabe an Schwerstabhängige. [online] URL: http://www.heroinstudie.de/Binnenevaluation_Kurzfassung.pdf [Stand: 04.10.2007]

Landschaftsverband Westfalen-Lippe, Koordinationsstelle Sucht (2003). Frühintervention bei erstauffälligen Drogenkonsumenten – FreD. Handbuch. Münster.

Landschaftsverband Westfalen-Lippe, Koordinationsstelle Sucht (2007). Kurzbericht zur Nachbefragung des Bundesmodellprojektes „Frühintervention bei erstauffälligen Drogenkonsumenten - FreD" [online] URL:http://www.bmg.bund.de/nn_604240/SharedDocs/Download/DE/ Themenschwerpunkte/Drogen-und-Sucht/kurzbericht-fred,templateId=raw,property=publicationFile.pdf/kurzbericht-fred.pdf [Stand: 04.10.2007]

Legewie, H., Ehlers, W. (1999). Handbuch Moderne Psychologie. Augsburg: Weltbild

Lindenmeyer, J. (2006). Wirkprinzipien erfolgreicher Suchtbehandlung. Konturen. Fachzeitschrift zu Sucht und sozialen Fragen. 27 (2), S. 18 – 21

Miller, W. R. (1998). Toward al Motivational Definition and Understanding of Addiction. MI-Newsletter for Trainers. 5, No. 3, 2 - 6 [online] URL: http://www.motivationalinterview.org/clinical/motmodel.html [Stand 01.07.2007]

Miller, W. (1999) Toward al Theory of Motivational Interviewing. MI-Newsletter for Trainers. 6, Nr. 3, S. 2 – 4 [online] URL: http://www.motivationalinterview.org/clinical/theory.html [Stand 01.07.2007]

Miller, W.R. und Rollnick, S. (1999). Motivierende Gesprächsführung. Ein Konzept zur Beratung von Menschen mit Suchtproblemen. Freiburg im Breisgau: Lambertus

Miller, W.R. und Rollnick, S. (2004). Motivierende Gesprächsführung. Freiburg im Breisgau: Lambertus

Pervin, L.A. (2000). Persönlichkeitstheorien. München, Basel: Ernst Reinhardt S. 386 - 392

Petry, J. (1993). Behandlungsmotivation. Grundlagen und Anwendungen in der Suchttherapie. Weinheim: Beltz PVU

Rehm, S. (1994). Gruppenarbeit. Ideenfindung im Team. Frankfurt a. M.: Harri Deutsch

Rogers, C.R. (1992). Die klientenzentrierte Gesprächspsychotherapie. Client-Centered Therapy. Frankfurt a. M.: Fischer Taschenbuch

Rogers, C.R. (1991). Therapeut und Klient. Grundlagen der Gesprächspsychotherapie. Frankfurt a. M.: Fischer Taschenbuch

Rumpf, H.J., Kremer, G., Hapke U., John, U., Bischof G.. Meyer, C., Grothues, J, Reinhardt, S. (2003). Kurzinterventionen bei alkoholbezogenen Störungen. In: Rumpf, H.J. und Hüllinghorst, R.: Alkohol und Nikotin: Frühintervention, Akutbehandlung und politische Maßnahmen. Freiburg i. Breisgau: Lambertus

Schwoon, D.R. (1998). B 8.1 Motivierende Interventionen bei Suchtkranken. In: Gölz, J. (Hrsg.): Moderne Suchtmedizin. Diagnostik und Therapie der somatischen, psychischen und soziale Syndrome. Stuttgart, New York: Thieme

Sieber, M. (2005). Riskanter Alkoholkonsum - Früherkennung, Kurzintervention und Behandlung. Ein Manual für Hausärzte. Bern u. a.: Hans Huber

Stalder, J. (1985). Die soziale Lerntheorie von Bandura. In: Frey, D. und Irle, M.: Theorien der Sozialpsychologie. Band II. Gruppen- und Lerntheorien. Bern u. a.: Hans Huber

Veltrup, C. (2004). Was macht gesund? - Zentrale Erfordernisse für eine effektive und effiziente Prävention und Behandlung der Sucht. In: Fachverband Sucht e. V. (Hrsg.): Sucht macht krank! Von der Akutmedizin zum Disease-Management. Schriftenreihe des Fachverbandes Sucht e. V. 27. Geesthacht: Neuland

Vogt, I. (2004). Beratung von süchtigen Frauen und Männern. Grundlagen und Praxis. Weinheim und Basel: Beltz

Vogt, I., Schmid, M., Schu M. (2003). Motivationsarbeit mit Drogenabhängigen: Erfahrungen mit Motivational Interviewing und Case Management. In: Suchttherapie 2003; 4: S. 132 – 139. Stuttgart: Thieme

Weissenböck, S., Ivan, I., Lachout, S. (2006). Standards in der Onlineberatung. e-beratungsjournal. 2. Jahrgang, Heft 1, Artikel 3 [online] URL: http://www.e-beratungsjournal.net/ausgabe_0106/lachout.pdf [Stand: 28.09.2007]

Wessel, T., Westermann, H. (2002). Problematischer Alkoholkonsum. Entstehungsdynamik und Ansätze für ein psychoedukatives Schulungsprogramm. Freiburg i. Breisgau: Lambertus

Wüthrich, U. (2000). Entscheidungstraining zur Laufbahnwahl. Lizentiatsarbeit. Universität Freiburg (Schweiz) [online] URL: http://www.teuscher.ch/ursina/download/liz/liz.pdf [Stand: 01.09.2007]

Zimbardo, P. G. (1992). Psychologie. Berlin, Heidelberg: Springer-Verlag